B. Möller

Ullstein Sachbuch

ÜBER DAS BUCH:

»Wem es gelingt, rußlanddeutsche Aussiedler auf diese Weise aus der Anonymität ihrer Vergangenheit herauszuholen, sie erzählen zu lassen, dem enthüllen sich immer neue, erschütternde Variationen eines nur scheinbar ähnlichen Schicksals ... Unter dem Eindruck solcher Schilderungen ist der Plan entstanden, authentische Berichte rußlanddeutscher Aussiedler in einer Sammlung zusammenzufassen als zeitgeschichtliche Illustration, aber auch als ein ›document humain‹, um jene zu Wort kommen zu lassen, deren Stimme in der Weltöffentlichkeit von jeher überhört wurde ...« (Gisela Székely)

Laßt sie selber sprechen

Berichte rußlanddeutscher Aussiedler

Protokolliert und bearbeitet von Gisela Székely

Mit Vorworten von Dr. Hans von Keler
und Wilfried Hasselmann

Ullstein Sachbuch

Ullstein Sachbuch
Ullstein Buch Nr. 34720
im Verlag Ullstein GmbH,
Frankfurt/M – Berlin

Erweiterte Neuausgabe

Umschlagentwurf:
Hansbernd Lindemann
Unter Verwendung einer Abbildung
vom Ullstein Bilderdienst, Berlin
(Umsiedler aus Osteuropa im
Grenzdurchgangslager Friedland;
Foto: Fritz Rust)

Printed in Germany 1990
Gesamtherstellung:
Ebner Ulm
ISBN 3 548 34720 7

April 1990

CIP-Titelaufnahme
der Deutschen Bibliothek

Lasst sie selber sprechen: Berichte
russlanddeutscher Aussiedler /
protokolliert u. bearb. von Gisela
Székely. Mit Vorw. von Hans Keler
u. Wilfried Hasselmann. –
Frankfurt/M; Berlin: Ullstein, 1990
(Ullstein-Buch; Nr. 34720:
Ullstein-Sachbuch)
ISBN 3-548-34720-7
NE: Székely, Gisela [Bearb.]; GT

Inhalt

Vorwort

Wir wissen viel zu wenig voneinander. Unsere Unkenntnis in Westdeutschland über das bisherige Schicksal der Spätaussiedler ist die größte Barriere für das Heimischwerden der Deutschen aus der Sowjetunion. »Wenn mich einer fragt, ob es wahr ist, daß das so zugeht in den russischen Lagern, und daß es überall in der ganzen Sowjetunion solche Lager gibt und das alles, dann sage ich: Ja! Wieviel Leute sind dort umgekommen! Zum Beispiel 1937 – da weiß ich ganze Dörfer, aus denen sie die Menschen herausgeschleppt haben und weg, weg, weg! Kommt keiner mehr zurück. Nu – wo sind diese Leute? Alle eingesperrt, verhungert, vernichtet und vermodert. In Sibirien da draußen, am Moskwa-Kanal, in Kuybischew, Hesta, an der Petschora, in den Lagern von Workuta, Kotlas, Magadan, Kolyma. Und in Mordavia: Wenn sie da eine Baracke hinstellen, die Fundamente graben; da kommen lauter Knochen heraus.« Aber was wissen wir hier im Westen davon?

»Aber die Deutschen hier glauben mir nicht. Sie sagen, das sei alles nicht wahr«, so berichtet eine andere betroffene Frau und erklärt: »Wenn ich zurückdenke, fallen mir immer nur schreckliche Erlebnisse ein.« Und sie zieht einen merkwürdigen Schlußstrich: »Ich habe Euch alles berichtet, aber um etwas möchte ich Euch bitten: Erzählt nicht jedem, was Ihr von mir gehört habt ... Jetzt sind wir hier und müssen uns so verhalten, wie die Leute es wollen. Ich möchte keinem Menschen mit meinem Erzählen Ärger machen. Ich habe nur einen Wunsch: Unsern lieben Gott, der uns geholfen hat, den will ich nicht vergessen. Auch hier nicht, wo es mir so gutgeht. Weiter will ich nichts.«

Aber die Schwergeprüften selbst können nicht vergessen. Und dürfen wir vergessen oder erst gar nichts wissen? Da wird ein 14jähriger in Sibirien 1942 an seinem Geburtstag von einem »Brigadier« fast umgebracht, nur weil er nach einem arbeitsreichen Tag und einer beim Pferdehüten durchwachten Nacht vor Übermüdung einschläft. So verzweifelt der Junge: »Mutter«, sagt er, »ich will nicht mehr leben. Das Leben ist so schrecklich.« Es ist ihm nicht mehr auszureden. »Ich will gehen«, sagt er, »weit weg von hier. Ich will nicht mehr gequält werden durch so viel Schlechtigkeit der Menschen.«

So meldet er sich freiwillig zur Arbeitsarmee, also in die Zwangslager der rußlanddeutschen Männer von 1941–1955. Und heute kann man in Zeitungen bei uns lesen: »Der Wohlstand lockt« –, welch ein ungerechtes Urteil.

Solschenizyn lobt in seinem *Archipel Gulag* die Deutschen in Rußland: »Der Deutsche ist wie ein Weidenbaum. Wo du ihn hinsteckst, schlägt er Wurzeln.« Aber in diesen Lebensberichten wird kein Lob deutscher Tüchtigkeit gesungen, sondern aufrichtig und nüchtern wird eine erschütternde Klage über deutsches Leid laut.

»Wir haben zuviel Ungerechtigkeit erlebt, wir können ihnen nicht mehr glauben« – das ist das Resümee. Wer diese Originalberichte rußlanddeutscher Aussiedler in den bewegenden Tonbandprotokollen liest, versteht die Bitte: »Gebt uns wieder eine Heimat.« Und durch diese Lebensberichte werden wir stiller, leiser, besinnlicher, dankbarer, hilfsbereiter, verständiger. Wir wissen zu wenig voneinander.

31. Oktober 1989

Dr. Hans von Keler
Beauftragter der EKD für Fragen der
Heimatvertriebenen und Aussiedler

Vorwort

(Zur ersten Auflage)

»Aber die Deutschen hier glauben mir nicht. Sie sagen, das sei alles nicht wahr«, berichtet Frau A. B. Dieser Satz weist auf die Gefahr hin, daß die Spätaussiedler, die in diesen Jahren in besonders großer Zahl zu uns kommen, unter uns nicht die erhoffte neue Heimat finden, sondern Fremde auch hier bleiben. Dies wäre die schlimmste Enttäuschung, die wir unseren neuen Mitbürgern bereiten könnten, nachdem sie oft Jahrzehnte um ihre Ausreise zu uns gekämpft haben.

Wer sich um die Eingliederung unserer Landsleute aus dem Osten bemüht – und dies sollte jeder von uns als seine persönliche Aufgabe empfinden –, wird dieses Buch als wertvolle Hilfe zum besseren gegenseitigen Verstehen begrüßen. Es ist zugleich ein Mosaikstein für ein vollständiges Bild der osteuropäischen Zeitgeschichte.

Die Gesprächsprotokolle ziehen den Leser so sehr in ihren Bann, daß er sie erst nach der letzten Seite aus der Hand legen wird. Bei der Lektüre wird er gelegentlich Schrecken und Entsetzen verspüren über das, was Menschen einander antun können. Noch mehr aber wird er betroffen und bewegt sein von der tiefen Mitmenschlichkeit und Herzlichkeit, die aus den Worten der Erzählenden spricht. Hier wird in einer Unmittelbarkeit und Offenheit berichtet, wie sie uns weithin verlorengegangen sind. Alle Dinge werden klar beim

Namen genannt, ohne daß Verbitterung oder Haß den Blick trüben. Darin liegt die ungewöhnliche Überzeugungskraft und Glaubhaftigkeit dieser Berichte. Sie zeigen uns wieder einmal, daß die Spätaussiedler nicht nur unsere Hilfe brauchen, sondern daß auch wir sehr viel von ihnen neu oder wieder lernen können. Es sind dies Dinge mit unmodernen Namen, aber bleibendem Wert: Hilfsbereitschaft, Familiensinn, Bescheidenheit, Einsatzfreude, die Fähigkeit, sich zu freuen, und Dankbarkeit.

Der Frieden, die Freiheit und der Wohlstand, in denen wir leben können, sind keine Selbstverständlichkeit. Dies führen uns diese Berichte nachdrücklich vor Augen.

April 1978

Wilfried Hasselmann

Einführung

Man hat sie im Osten von jeher die »Stummen« genannt. Wenn ihnen diese Bezeichnung zunächst nur zugelegt wurde, weil sie sich in der Landessprache nicht verständlich machen konnten, so ist daraus ein Merkmal geworden, das im Lauf der Jahrhunderte auf eine andere hintergründige Weise tragische Gültigkeit erlangt hat – heute vielleicht sogar dort, wo diese Menschen ursprünglich zu Hause waren und jetzt, nach endlosen Wanderwegen, wieder eine Heimat suchen.

Als die ersten Deutschen, meist Kaufleute, Handwerker, Ärzte und Künstler, in größerer Zahl und sozusagen als Entwicklungshelfer ins Reich Iwans des Schrecklichen kamen, wurde ihnen in Moskau ein begrenztes Gelände jenseits der Befestigungsmauern zum Aufenthalt zugewiesen. Die Russen nannten diesen Stadtteil »Niemezkaja Sloboda«, was ebenso mit »deutscher Vorort« wie mit »Vorort der Stummen« übersetzt werden kann. Und die Deutschen selber, die »Germanzy«, wurden auf solche Weise zu den »Niemzy« und sind es bis heute geblieben.

Diese stumme Minderheit aber genoß bald den sprichwörtlichen Ruf besonderer Tüchtigkeit, und man bemühte sich im Lauf der Zeit, ihre Zahl zum Wohle des Landes weiter ansteigen zu lassen.

So holte Kaiserin Katharina II. von 1763 bis 1769 Siedler aus den deutschen Kleinstaaten, vor allem aus

Hessen, an die Wolga, überließ ihnen unbewohntes Land – öde Gegenden, wie es in ihrem Ukas hieß – zum Eigentum und sicherte ihnen in mehreren Manifesten außerordentliche Privilegien zu: Selbstverwaltung, freie Religionsausübung, eigenes Schulwesen, Befreiung von Steuern auf 10–30 Jahre, Befreiung vom Militärdienst sogar auf »ewige Zeiten«, aber auch die Möglichkeit, nach Erfüllung einiger Auflagen das Land wieder zu verlassen. 29 000 Einwanderer – etwa 8000 Familien –, von denen zwei Drittel evangelisch, ein Drittel katholisch waren, legten damals 102 Dörfer auf beiden Seiten der Wolga an. Aus dieser Mutterkolonie gingen im 19. Jahrhundert viele neue Ansiedlungen, u.a. auch im Kaukasus und in Sibirien, hervor.

Aus dem Danziger Werder und der Weichselniederung begannen 1789 Mennoniten friesisch-niederdeutscher Herkunft aufgrund eines Sonderabkommens ins Schwarzmeer-, später auch ins Wolga- und Uralgebiet einzuwandern.

Vielfach aus religiöser Motivation kamen Hessen, Badener, Schwaben, Bayern und Pfälzer während und nach den napoleonischen Kriegen ins Schwarzmeergebiet bei Odessa, auf die Krim und in den Kaukasus. Die Einwanderungsgenehmigung verdankten sie einem Erlaß des Zaren Alexander I., in dem ausdrücklich tüchtige und nicht unbemittelte Landwirte und Handwerker angefordert wurden, die seinen rückständigen russischen Untertanen zum Vorbild dienen sollten. Diese Gruppe – es handelte sich um 50 000 bis 60 000 Einwanderer, unter ihnen 55 Prozent Lutheraner – gründete 209 Kolonien und erhielt bis 1857 immer neuen Zuzug.

Die Wolhyniendeutschen schließlich kamen nach 1816 in mehreren Schüben aus Südwestdeutschland, Pommern, Mecklenburg, der Mark, aus Schlesien und anderen Gebieten Deutschlands, viele auch aus Polen in das westliche Grenzgouvernement Südrußlands. Bei Ausbruch des Ersten Weltkrieges belief sich ihre Zahl auf 250 000 – darunter 200 000 Evangelische – die in 500 Dörfern ansässig waren.

Was diese Deutschen in Rußland als Aufgabe zugedacht war, das haben sie tausendfach erfüllt, sie haben aus Steppen und Einöden fruchtbares Ackerland geschaffen, haben stattliche Dörfer errichtet, Kirchen und Schulen gebaut und mit Fleiß und Ausdauer einen Wohlstand geschaffen, der auch ihren russischen Nachbarn zu Fortschritt und wirtschaftlichem Aufschwung verhalf.

Schwere Heimsuchungen aber sind ihnen von Anfang an nicht erspart geblieben. Neben Seuchen und Hungersnöten waren es vor allem die dauernden Überfälle östlicher Nomadenstämme an der Wolga, der Türken und Perser im Südkaukasus, durch die ganze Ortschaften vernichtet und ausgerottet wurden. Kinderreichtum jedoch ließ ihre Zahl stetig anwachsen und führte zur räumlichen Ausdehnung ihrer Wohngebiete. So waren es etwa 2 400 000 Deutsche, die zur Zeit des Ersten Weltkrieges in Rußland registriert wurden; ihr Landbesitz betrug 9,5 Millionen Hektar.

Umgangssprache war und blieb in diesen geschlossenen Siedlungen immer die deutsche, nach dem Herkunftsgebiet der verschiedenen Gruppen mundartlich gefärbt. Es wurde deutsch gepredigt und deutsch unterrichtet; russisch verstanden nur wenige. In diesem räumlichen, sprachlichen und kirchlichen Abseits blieben sie in der Mehrzahl für das orthodoxe Staatsvolk weiterhin die Stummen. Ihre Leistungen jedoch sprachen um so beredter zu ihrer Umwelt, mit der sie viele Jahre hindurch in ungestörten Beziehungen zu leben verstanden.

Erst als 1871 die ihnen zugesicherten Privilegien und damit ihre Selbstverwaltung aufgehoben wurde, setzte eine Russifizierungspolitik ein, die grundlegende Veränderungen mit sich brachte. Es war angesichts der blühenden deutschen Wirtschaften viel Neid und Mißgunst im Spiel, die das gute Verhältnis trübten. In den Gemeindeverwaltungen wurde Russisch als Amtssprache, in den Schulen als Unterrichtsfach eingeführt, der Militärdienst zur Pflicht gemacht und der weitere Landankauf erschwert. Viele Deutsche entschlossen sich damals zur Abwanderung nach Nord- und Südamerika, aber auch nach Sibirien, wo erfahrene und tüchtige Landwirte noch immer ein besseres Fortkommen hatten.

Im Ersten Weltkrieg erreichte die Deutschenhetze ihren Höhepunkt. Trotz ihrer loyalen Haltung – mit dem Mutterland unterhielten sie keine nennenswerten Beziehungen mehr – wurden die Rußlanddeutschen durch die sogenannten Liquidationsgesetze zum »inneren Feind« erklärt und ihre Zwangsumsiedlung vorbereitet, die durch den Ausbruch der Revolution zunächst verhindert wurde. Nur den Wolhyniendeutschen blieb die Verbannung nicht erspart. Sie konnten jedoch zum großen Teil in ihre alten Wohnorte zurückkehren, als die zur Macht gelangten Kommunisten mit der Proklamation der Gleichberechtigung aller Staatsbürger vorübergehende Erleichterungen für die unterdrückten Minderheiten des Landes bewirkten. Zu jener Zeit wurde auch die Wolgadeutsche Sowjetrepublik gegründet.

Dann aber setzte mit ständigen Plünderungen während des Bürgerkrieges, mit totalen Mißernten und unvorstellbaren Hungersnöten der schwere Leidensweg der Rußlanddeutschen erst richtig ein. Nach Lenins Tod wurden die Bauern entschädigungslos enteignet, in Kollektivwirtschaften gezwungen, verhaftet und verschleppt. Vor allem war es die Intelligenz – Pfarrer, Lehrer, Ärzte –, die dem Klassenkampf zum Opfer fielen. Die meisten Verbannten fanden in den berüchtigten Vernichtungslagern den Tod. Auch die vielen im »Jahr des roten Terrors«, 1937, verschleppten deutschen Männer blieben mit wenigen Ausnahmen seither verschwunden.

Der Zweite Weltkrieg führte dann zur völligen Auflösung aller deutschen Siedlungsgebiete im europäischen Rußland. Über 400 000 Wolgadeutsche wurden nach Kriegsausbruch als »Diversanten und Spione« in die Gebiete von Omsk, Altai und Kasachstan verschickt, ebenso erging es den Krim- und Kaukasus-Deutschen.

Nach Besetzung der westlichen Urkaine durch die deutschen Truppen ließ die Reichsregierung 350 000 Rußlanddeutsche in den sogenannten Warthegau umsiedeln. Kaum hatten sie jedoch dort Fuß gefaßt, mußten sie, um der vorrückenden Roten Armee zu entkommen, den Fluchtweg nach Deutschland antreten, wo sie meist in dörflicher Umgebung notdürftige Unterkunft fanden. Nach Kriegsende aber wurden 250 000 dieser Flüchtlinge – fast nur Frauen und Kinder – auf Wunsch Moskaus von den Alliierten den Sowjets ausgeliefert, in Lagern zusammengefaßt und in wochenlanger Fahrt nicht etwa, wie sie erwarteten, in ihre frühere Heimat, sondern in die klimatisch ungünstigsten Gebiete des nördlichen Rußland transportiert, unter Verhältnissen, die sie zu Tausenden hinsterben ließen. Nur etwa 180 000 sollen nach Ermittlungen der Alliierten an ihrem Bestimmungsort angekommen sein.

So wurden auch sie wieder eingereiht in die verlorene und stumme Masse aller anderen Rußlanddeutschen, die vorher schon enteignet und verschleppt worden waren und nun, weit auseinandergerissen, Männer und Frauen getrennt, die Inselwelt der sowjetischen Arbeitslager und Verbannungsgebiete bevölkerten – von der eisigen Küste des Weißen Meeres bis zu den glühenden Baumwollfeldern Tadschikistans, vom Ural bis nach Magadan am Ochotskischen Meer. Was sie in dieser »Babylonischen Gefangenschaft«, wie viele ihr Exil benannten, als Arbeitssklaven des zwanzigsten Jahrhundertes an körperlicher Mühsal, Hunger und Kälte, an Grausamkeiten und Demütigungen zu ertragen hatten, stellt wohl das furchtbarste Kapitel auslandsdeutschen Schicksals dar.

Erst 1955, als durch ein von Adenauer bewirktes Dekret die Deutschen aus den sogenannten »Sondersiedlungen« entlassen und die damit verbundenen Einschränkungen aufgehoben wurden, begann sich ihre Lage langsam etwas zu bessern. Sie mußten sich aber verpflichten, niemals wieder in ihre früheren Siedlungsgebiete zurückzukehren und keine Ansprüche auf ihren zurückgelassenen Besitz zu erheben.

Bei der nun einsetzenden Suche nach ihren Angehörigen konnten viele Familien wieder zusammenfinden, andere hatte der Tod für immer getrennt. Natürlich waren diese heimatlosen Menschen nun bestrebt, aus dem kalten Norden in die wärmeren Gebiete Mittelasiens zu ziehen, wo sie auf früher schon deportierte Landsleute stießen. Diese hatten in ungebrochenem Pioniergeist sich bereits etwas bessere Lebensbedingungen geschaffen und konnten Leistungen aufweisen, die mit dazu beitrugen, daß die Rolle der Deutschen im Land staatlicherseits neu definiert wurde. Das geschah 1964 mit einem Rehabilitierungserlaß, in dem den »Sowjetbürgern deutscher Nationalität« ausdrücklich bescheinigt wurde, daß die zur Kriegszeit pauschal gegen sie erhobenen Beschuldigungen unbegründet gewesen seien, daß sie vielmehr durch ihre Arbeit zum Sieg der Sowjetunion über das faschistische Deutschland beigetragen und sich aktiv am kommunistischen Aufbau beteiligt hätten.

Eindrucksvoller als diese verspätete Ehrenerklärung, die übrigens keinen Ansatz einer materiellen Entschädigung zur Folge hatte, ist wohl jenes Zeugnis, das Solschenizyn in seinem »Archipel Gulag« der deutschen Minderheit ausstellt. Unter den verschiedenen Nationalitäten des Landes, deren Merkmale und Lebensweise er schildert, bezeichnet er die Deutschen als »ausnehmend tüchtig und arbeitsam«. »Wie einst auf dem von Kaiserin Katharina geschenkten fruchtbringendem Land«, schreibt er, »so setzten sie sich jetzt auf dem von Stalin zugewiesenen kargen Boden fest ... 1941 blank und nackend ausgesiedelt, jedoch umsichtig und unermüdlich, ließen die Deutschen den Mut nicht sinken und schickten sich an, am neuen Ort ebenso ordentlich und vernünftig zu werken. Wo liegt auf Erden jene Wüste, die die Deutschen nicht in blühendes Land zu verwandeln verstünden? Nicht umsonst hieß es im früheren Rußland: Der Deutsche ist wie ein Weidenbaum. Wo du ihn hinsteckst, schlägt er Wurzeln. Ob im Schacht, in der Traktorenstation oder auf dem Staatsgut, die Natschalniks waren des Lobes voll, bessere Arbeiter fanden sie nicht. Schon in den fünfziger Jahren hatten die Deutschen – unter den übrigen Verbannten, ja oft auch unter den Einheimischen – die besten, geräumigsten und saubersten Häuser; die größten Schweine; die milchreichsten Kühe. Ein deutsches Mädchen war eine begehrte Braut, nicht allein der Wohlhabenheit ihrer Eltern wegen, sondern weil sauber und anständig inmitten der durch und durch verlotterten Lagerumwelt.«

Auch wenn sie heute als rehabilitiert gelten und als Arbeitskräfte besonders geschätzt werden, gehören die Rußlanddeutschen immer noch zur stummen Minderheit des Landes. Sie leben – der Russifizierung ausgesetzt – weit verstreut in einer fremden Umwelt, in der die Preisgabe ihrer ethnischen Existenz unausbleiblich erscheint. Von ihren einstigen 3300 Siedlungen – 3000 lagen im europäischen Teil des Landes, 300 jenseits des Ural – sind nur noch wenige in der Gegend von Ufa und Orenburg übriggeblieben. Was sich zur deutschen Minderheit bekennt, deren Gesamtzahl 1970 aufgrund einer Volkszählung mit 1846000 angegeben wurde, verteilt sich heute auf große Teile Sibiriens, auf Mittelasien, Kasachstan, Kirgisien und Tadschikistan. 45 Prozent dieser Deutschen sollen inzwischen schon vom Land in die Städte abgewandert sein. Aus den einstigen Bauern wurden Arbeiter, die in Fabriken, Bergwerken, im Baugewerbe und in den Maschinen- und Traktorenstationen tätig sind. Viele gingen als angeworbene Arbeitskräfte in den letzten Jahren auch nach Estland oder in die Moldau-Republik, das 1940 von Rumänien an die UdSSR abgetretene Bessarabien, da sie sich dort bessere Lebensbedingungen, aber auch die Möglichkeit erhofften, rascher zu einer Ausreisegenehmigung zu gelangen.

Gegenwärtig scheint sich durch die politische Entwicklung in der Sowjetunion auch eine Verbesserung der Lebensumstände dieser »Niemzy« anzubahnen. Bisher drohte den meisten von ihnen die Assimilierung in einer »sozialistischen Nation«, in der alle unterdrückten Völker des sowjetischen Kolonialimperiums verschmolzen werden sollten; es drohte ihnen die Metamorphose zum »Sowjetmenschen«, der ohne traditionelle Verankerungen, ohne Religion und geistige Identität ausschließlich den Interessen des kommunistischen Parteiapparates zu dienen hatte. Ohne intellektuelle Führungsschicht, mit Ausnahme des Baltikums auch ohne Pastoren und Pfarrer, ohne deutsche Schulen und Bildungsanstalten, ohne kulturelle Beziehungen zum Mutterland, politisch unterrepräsentiert – sie stellen nur drei der 1500 Abgeordneten im Obersten Sowjet – standen und stehen sie unter angeblich Gleichberechtigten an letzter Stelle.

Unter solchen Umständen ist es verständlich, daß die Rückkehr nach Deutschland ihnen auch heute noch in der Epoche von Glasnost und Perestrojka als einzig rettender Ausweg erscheint. Verhältnismäßig gelingt es jetzt einer ständig wachsenden Zahl von Ausreisewilligen den Herrschaftsbreich des Kremls zu verlassen.

Was sie davontreibt, können sie klar formulieren. Was aber erwarten sie von einem Land, über das sie durch die sowjetischen Medien nur negative Informationen erhielten, das sich solchen Berichten zufolge einem System krassester ökonomischer und sozialer Unterdrückung verschrieben haben soll? Wie ist ihr Deutschlandbild geprägt?

Wenn sie im allgemeinen auch nicht mit konkreten Erwartungen kommen, weil ihnen die hiesige Wirklichkeit nicht vorstellbar ist, so zweifeln sie doch entschieden am Wahrheitsgehalt dieser antideutschen Propaganda in ihrer endlosen Wiederholung. Sie verstehen die Bundesrepublik Deutschland sozusagen als Antithese, als Gegenpol zu dem Zwangssystem, dem sie so lange unterworfen waren. Wer als Deutscher in einer fremdvölkischen Umgebung immer als Bürger zweiten Grades behandelt und oft aufs schlimmste diskriminiert wurde, setzt voraus, daß er dort, wo er unter seinesgleichen lebt, wenigstens rechtlich gleichgestellt ist, und wer Kommunismus am eigen Leib erlebt hat, wird auf jeden Fall dort, wo diese Ideologie nicht Staatsraison ist, die heile Welt vermuten.

Eine heile Welt aber kann ihnen auch hier nicht geboten werden. Was ihnen im »Land ihrer Väter« an materieller Unterstützung, an staatlicher und kirchlicher Hilfe zuteil wird, erfüllt sie zunächst wohl mit Staunen und Dankbarkeit. Sehr bald jedoch erweist sich die neue Heimat für sie als fremde, unüberschaubare Welt, die nichts mehr mit der Lindenbaum-Romantik überlieferter Vorstellungen zu tun hat. Sich darin zurechtzufinden ist ihnen ohne Orientierungshilfe und mitmenschliche Anteilnahme nur in den seltensten Fällen möglich. Wo aber diese persönliche Zuwendung, wo Verständnis und gegenseitige Übereinstimmung angesichts des immer größeren Zustroms an Spätübersiedlern oft fehlt, geraten die Rußlanddeutschen wieder in eine Isolation, die sich von ihrer früheren nicht wesentlich unterscheidet.

Sie kapitulieren vor den Sprachbarrieren, die nicht nur ihr mundartliches Deutsch aufbaut, sondern auch das, was hier als überholtes Pathos belächelt wird, wenn sie von »Vaterland«, »angestammter Heimat« oder ihrem »deutschen Volkstum« sprechen. Sie kapitulieren, wenn ihr besonderer Frömmigkeitsstil abgelehnt wird, der sich in den Vertreibungsgebieten herausgebildet hat, wo sie ohne kirchliche Organisation, ohne Pastoren, ohne theologische Bücher, nur auf ihre Laienprediger angewiesen, sich neue Formen gottesdienstlicher Ordnung und religiöser Praxis geschaffen haben, die mit den unseren schwer zu vereinbaren sind. Sie kapitulieren vor der beängstigenden Hektik unseres Alltags, in dem sie sich selber überlassen bleiben; sie kapitulieren, wenn sie – was nicht selten geschieht – mit ihren Schilderungen eigener Erlebnisse und Erfahrungen auf Teilnahmslosigkeit, schlimmer noch, auf Skepsis stoßen und häufig sogar unumwunden der Lüge bezichtigt werden.

Schließlich empfinden sie es selbst als anstößig, ihre Vergangenheit vor anderen auszubreiten wie alte schmutzige Ware auf einem Jahrmarkt der Eitelkeiten. Sie spüren, daß ihre Berichte unbequem und deplaziert wirken inmitten einer Gesellschaft, die entweder von den Schattenseiten des Lebens, das sie genießen will, die Augen verschließt oder sich von utopischen Vorstellungen weltanschaulicher Art leiten läßt, so daß ihr solche Berichte erst recht nicht ins Konzept passen.

So kann es geschehen, daß die Rußlanddeutschen auch bei uns bald wieder in eine Rolle gedrängt werden, die sie für immer abgelegt zu haben glaubten: in die Rolle der Fremden, der Unverstandenen, ja, der Ausgestoßenen aus einer Gesellschaft, deren Ansichten und Wertordnungen sich ganz wesentlich von den eigenen unterscheiden, in die Rolle einer stummen Minderheit.

Es gehört im Grunde nicht viel dazu, sie vor dieser inneren Heimatlosigkeit zu bewahren. Wichtiger als alle existenzsichernden Maßnahmen ist für sie, die sich schon immer aus eigener Kraft durchs Leben schlagen mußten, die Gewißheit, daß sie in ihrer neuen Heimat wirklich willkommen sind, daß sie nicht übergangen werden mit allem, was sie an Lebens- und Glaubenserfahrungen, an belastenden Erinnerungen und politischen Erkenntnissen mit sich bringen. Am wirksamsten aber hat sich der Rat erwiesen: Laßt sie selber sprechen!

Wem es gelingt, rußlanddeutsche Aussiedler auf diese Weise aus der Anonymität ihrer Vergangenheit herauszuholen, sie erzählen zu lassen, dem enthüllen sich immer neue, erschütternde Variationen eines nur scheinbar ähnlichen Schicksals. Denn so ausgedehnt wie die Sowjetunion ist auch das Register an Möglichkeiten, die grausame Wirklichkeit eines Regimes zu erleben, das den Menschen als sein »kostbarstes Kapital« bezeichnet. Es enthüllt sich aber auch die besondere Wesensart der Rußlanddeutschen, ihre erstaunlichen Qualitäten an Mut, Ausdauer, an Fleiß und Selbstlosigkeit; die Seelenstärke ihrer Frauen und Mütter, die in den Verbannungsgebieten nicht nur für sich selber, sondern auch für ihre hilflosen Kinder mitzusorgen hatten und zu jedem Opfer bereit waren. Es enthüllt sich schließlich eine Glaubenshaltung, die ihnen in einer Welt voller Haß, Gewalt und Barbarei die Kraft verlieh, die Last ihres außergewöhnlichen Schicksals zu ertragen.

Unter dem Eindruck solcher Schilderungen ist der Plan entstanden, authentische Berichte rußlanddeutscher Aussiedler in einer Sammlung zusammenzufassen als zeitgeschichtliche Illustration, aber auch als ein »document humain«, um jene zu Wort kommen zu lassen, deren Stimme in der Weltöffentlichkeit von jeher überhört wurde.

Diese freigesprochenen Texte wurden nach Tonbandaufnahmen abgefaßt und nur dort einer glättenden Bearbeitung unterzogen, wo die Verständlichkeit der Aussage es erforderte oder der Dialekt allzusehr dominierte. Eine Auswahl, wie sie in diesem Band wiedergegeben wird, war nicht schwer zu treffen, da sich alle wesentlichen Geschehnisse mit erschreckender Beständigkeit wiederholen, womit auch der Wahrheitsgehalt jedes einzelnen Berichtes seine Bestätigung findet.

Gisela Székely

Bericht der Spätaussiedlerin Frau A. B., geb. 1916

Geboren wurde ich in Tscherniew bei Orodok in der Nähe von Odessa. Meine Eltern mußten hart schaffen, um ihre zehn Kinder satt zu kriegen, denn sie hatten wenig Land und wurden während der Revolution mehrmals ausgeplündert. Als ich sechs Jahre alt war, übersiedelten wir in den Kaukasus, wo wir Verwandte hatten. Meine Eltern glaubten, dort besser vorwärtszukommen. Mein Vater aber war schwach und die Mutter immer krank, so mußten wir Kinder, klein wie wir waren, gleich zu fremden Leuten arbeiten gehen. Eine Schule hat keines von uns besucht – sie lag auch 15 Kilometer weit entfernt –, doch meine teure Mutter hat mich wenigstens lesen gelehrt aus dem einzigen Buch, das wir im Hause hatten, aus der Bibel. Das war für mich eine große Hilfe in der schweren Zeit, die uns allen noch bevorstand. Schreiben aber kann ich bis zum heutigen Tag nicht.

Im Kaukasus waren wir in einem kleinen Dorf untergekommen, da wohnten nicht nur Grusinen, sondern auch sehr viele Deutsche, bei denen wir Arbeit fanden. Mich holte eine Frau zu sich, um ihr kleines Kind zu versorgen, wenn sie aufs Feld ging. Später, als die Kollektivwirtschaften entstanden, konnte ich schon in den Ställen mithelfen beim Vieh, und über dieser Arbeit bin ich schlecht und recht 20 Jahre alt geworden und habe geheiratet. Mein Mann war Deutscher, und wir kamen gut miteinander aus. Gerade als der Krieg anfing, bekam ich mein viertes Kind, das erste hatte ich schon früh verloren.

Als die Deutschen heranrückten, wurden wir mit fast allen Familien aus dem Dorf verschleppt. Das geschah in wenigen Stunden. Mitnehmen durften wir nichts anderes, als was wir am Leibe hatten. 45 Kilometer führten sie uns in Lastkraftwagen zur nächsten Eisenbahnstation, von da im Zug bis ans Meer. Am Ufer hatten sie schon eine große Menge Menschen zusammengetrieben, und die pferchten sie dann in die Barken, die dort lagen. Das sind Schiffe, auf denen man sonst Vieh und Schweine transportiert, aber für Menschen waren sie nicht gemacht. Man kann sich nicht vorstellen, wie es da drinnen aussah und wie es stank! Und Läuse haben wir gehabt, ihr lieben Leute, sie krochen uns sogar unter die Haut. Ich will mich gar nicht daran erinnern, es tut so weh . . .

Von Anfang an gaben sie uns kaum etwas zu essen. Einmal am Tag eine Kelle dünne Suppe und ein kleines Stückchen Brot. An manchem Tag auch gar nichts. Von wo auch? Wir litten schrecklichen Hunger, aber noch schrecklicher war es, mit anzusehen, wie die Kinder sich quälten. Die Männer versuchten zu fischen und etwas Eßbares aus dem Meer herauszuholen, aber sie wurden von den Wächtern mit den Gewehrkolben zurückgeschlagen. Und als unsere Leute immer aufsässiger wurden, drohten die Russen, uns alle ertrinken zu lassen, und unsere Männer antworteten, dann müßten auch sie mit ins Wasser. Als wir dann aber zusehen mußten, wie vier Barken vor unseren Augen versenkt wurden und die Menschen hilflos ertranken, da traute sich keiner mehr, solche Reden zu führen.

Zwei Monate sind wir auf dem Kaspischen Meer hin und her gefahren, und immer mehr Leute starben, vor allem die Kinder. Sie verhungerten der Reihe nach, und die Leichen warf man einfach ins Meer. Auch meinen vierjährigen Buben haben sie ins Wasser versenkt. Der andere, der siebenjährige, hat das mit ansehen müssen, und da klammerte er sich an meinen Rock uns sagte: »Liebe Mutter, laß es nicht zu, daß sie auch mich ins Wasser schmeißen, ich möchte dich bitten, laß mich leben, ich will dann auch immer bei dir bleiben und, wenn ich groß bin, für dich sorgen.« Er war noch so klein und mager und weinte jämmerlich: »Ich hab doch solchen Hunger, Mutter!« Da hab ich ihn einfach an die Brust genommen – ich hatte ja noch den Säugling bei mir –, hab ihn zugedeckt, damit die Leute nicht sehen konnten, daß er ein bißchen Milch bei mir trank. Ach Gott, ich muß immer gleich weinen, wenn ich daran denke, denn er ist dann doch verhungert, und es ist geschehen, wovor er sich so gefürchtet hat. Auch er kam ins Wasser.

In der neunten Woche, die wir auf dem Schiff verbrachten, flogen immer öfter Flugzeuge über uns hinweg, und es hieß, die Deutschen seien hinter uns her, wir müßten die weiße Fahne hinaustun, damit sie uns nicht versenken. Die Wachen wollten das aber nicht selber tun und befahlen uns, diese Fahne hochzuziehen. Wir haben es also getan, ich selber habe mitgeholfen, und so sind wir schließlich irgendwo an einem Ufer angekommen. An Land ließen sie uns nicht Zeit, ein wenig zu verschnaufen, gleich wurden wir wieder in Viehwaggons verladen, und dann ging es nach Sibirien, nach Kotschitaw Rayon Kotschitawsko Oblosk. Daß wir dort noch lebend ankamen, daß mir mein Mann und wenigstens das kleinste Kind, ein Mädchen, erhalten blieben, das war wie ein Wunder. Denn diese Fahrt war kaum leichter zu ertragen als auf dem Wasser.

Ich kann nicht schildern, wie wir aussahen, als wir endlich am Ziel waren. So schmutzig und verlaust, daß man uns in die Siedlung gar nicht hineinließ. Drei Kilometer vom Dorf entfernt gab es Erdgruben, wie man sie für den Luftschutz anlegt und darin kein Bett, keinen Tisch, kein Licht – gar nichts! Da sollten wir nun wohnen, und wir haben tatsächlich zwei Jahre in diesen Erdlöchern gehaust wie die Füchse. Auch im Winter bei bitterstem Frost. Mit der Zeit haben wir Holz aus dem Wald geholt und die Gruben ausgebaut und haben uns darin eingerichtet, so gut wir konnten.

Als dann unsere Papiere ankamen, holte man uns ins Dorf zum Vorsteher, der uns fragte, wie wir hergekommen seien und wer die weiße Fahne auf dem Schiff hochgezogen hätte. Ich sagte ihm, daß ich dabei mitgeholfen hätte – und da fing er an, auf mich einzuschlagen, Leute! Er hat mich so geschlagen, daß mir das Blut vom Kopf hinunterfloß, ich kann es euch zeigen, da ist die Narbe. »Ach, ihr Faschisten!« schrie er und prügelte weiter auf mich ein, hier diesen Knochen am Arm hat er mir gebrochen. Zu meinem Glück kam gerade der Kommandant herbei und fragte, was denn da los sei. Er hob mich von Boden auf und schrie den Verwalter an: »Ich werde euch strafen, wenn ihr die deutschen Leute weiter mißhandelt und beleidigt!« Geschlagen hat uns dann wohl keiner mehr, aber vor Beleidigungen hat uns in Zukunft niemand geschützt.

Ich war dann sehr krank. Zwei Monate bin ich gelegen. Eine Frau hat mir die Wunde am Kopf zugenäht, es war eine Deutsche, die auch bei uns in den Gruben von Kotitschaw gelebt hat.

Kurze Zeit darauf haben sie meinen Mann weggeholt – für immer. Und ich bin mit dem kleinen Kind allein geblieben. Weil ich noch nicht arbeiten konnte und deshalb auch kein Brot bekam, mußte ich von meinen paar Kleidern etwas eintauschen, aber der Hunger trieb mich bald zur Arbeit in den Wald, wo wir bei jedem Wetter Bäume fällen mußten. Der Säugling blieb den ganzen Tag allein zu Hause. Umsonst bekamen wir nichts, keine Kartoffel, kein Stückchen Brot. Die Leute im Dorf hatten alle einen Haß auf uns, und der Mann, der mich geschlagen hatte, war der Vorsteher vom Kollektiv.

Von meinem Mann habe ich lange nichts gehört. Viel später erst erfuhr ich von deutschen Leuten, daß er in Tscheljabinsk verhungerte. Mein Mann soll immer zu den Abfallgruben gegangen sein, dort haben sie die Fischköpfe hineingeschmissen, die hat er aufgelesen und gegessen, denn er wollte am Leben bleiben, um seine Frau und sein Kind einmal wiederzusehen. Anfangs hat er im Wald gearbeitet, doch als er immer schwächer wurde und nicht mehr schaffen konnte, bekam er auch keine Zuteilungen mehr. Bevor er starb, soll er acht Tage keinen Bissen gegessen haben, dann ist er eingeschlafen.

Was ich selbst alles erlebt habe in diesen schrecklichen Jahren, daran habe ich zum Glück keine rechte Erinnerung mehr. Ein Tag wie der andere verging so, daß man froh war, ihn hinter sich gebracht zu haben, ohne zu verrecken. Nehmen Sie dieses Wort nicht übel! Nach zwei Jahren bekamen wir ein Zimmer im Dorf, dort wohnte ich dann mit meiner Tochter und durfte im Kollektiv arbeiten. Gehungert haben wir aber auch weiterhin, die Russen bekamen ihre Rationen regelmäßig, wir aber nicht. Was wir brauchten, das haben wir stehlen müssen, ich sag es, wie es ist. Wer am Leben bleiben will, muß nehmen, was er findet!

Wenn ich zurückdenke, fallen mir immer nur schreckliche Erlebnisse ein. Zum Beispiel wie ich einmal mitten im härtesten Winter um Heu fahren mußte mit einer anderen deutschen Frau. Es war in einem eisigen Schneesturm, man konnte in dem Treiben nicht einmal die Hand vor den Augen sehen. Auf der Rückfahrt verirrten wir uns mit dem Ochsenwagen und blieben schließlich stecken. Da warfen wir das Heu herunter und legten uns hinein, zusammen mit den Ochsen, an denen man sich ein wenig wärmen konnte. Trotzdem erstarrten uns die Glieder, und um nicht einzuschlafen, sangen wir die ganze Nacht Gotteslieder. Der Schneesturm hielt an, und erst am Nachmittag des nächsten Tages konnten wir uns wieder auf den Weg machen. Kleider und Schuhe waren an uns angefroren, und wir konnten uns nur mühsam fortbewegen. Zu Hause haben sie schon gedacht, wir seien verloren, aber gesucht hat uns keiner. Das konnte man auch nicht erwarten, das Dorf war 12 Kilometer weit entfernt, und der Schnee war so hoch, daß man darin versank. Mit Gottes Hilfe fanden wir den Weg zurück, es war wie ein Wunder. Zu Hause habe ich dann Feuer im Ofen angefacht und habe mir die Blasen aufgestochen, daß das Wasser herausfloß. Hände und Füße hatte ich erfroren, und die Schmerzen waren kaum zu ertragen. Aber vier Tage später mußte ich wieder denselben Weg fahren und Futter für das Vieh holen. Doch bis zum heutigen Tag kann ich nicht richtig laufen, und die Schmerzen kommen immer wieder.

Als meine Tochter Ende der fünfziger Jahre heiratete, zogen wir mit ihrem Mann nach Karaganda, wie so viele andere Deutsche auch, die nach 1956 sich wieder freier bewegen und ihren Wohnort wechseln konnten. Nun war es mit der Feldarbeit zu Ende, ich durfte in einem Spital Dielen waschen bei den Kranken. Und habe auch bares Geld verdient.

Eines Tages hörte meine Tochter, daß man von Estland nach Deutschland fahren könne, in »unser Land«, so sagte sie. Aber ist dieses Deutschland unser Land? Wir sind doch nicht dort geboren, so dachte ich, dürften wir von »unserm« Land sprechen? Aber dann meinte ich, daß wir es dort schon deshalb leichter haben würden, weil man uns als Deutsche unter Deutschen sicher nicht mehr beleidigen würde. Und daß man uns nicht verstoßen würde, so wie wir immer verstoßen wurden, seit wir zurückdenken können. So sind wir dann nach Estland gezogen, haben dort auch Arbeit und Unterkunft gefunden, ich als Aufräumerin, meine Tochter als Melkerin. Und durch meinen Schwiegersohn, der seinen Vater hier in der Bundesrepublik hatte, bekamen wir die Einladung und konnten schließlich ausreisen. Aber erst, nachdem eine Frau, ich glaube, sie hieß Oldenburger, sich in Moskau an eine Kette gefesselt und sich ihr Recht auf Auswanderung auf solche Weise erkämpft hatte. Das ist auch uns zugute gekommen wie vielen andern Deutschen, die schon lange auf ihre Pässe hatten warten müssen.

Nun danke ich Gott, daß ich da bin und daß alles so viel besser und schöner ist, als wir gedacht haben. Ich habe euch alles berichtet, aber um etwas möchte ich euch bitten: Erzählt nicht jedem, was ihr von mir gehört habt! Wenn ich mit den Leuten von daheim über mein Leben spreche, dann glauben sie alles, kaum einem ist es besser ergangen als mir. Aber die Deutschen hier glauben mir nicht. Sie sagen, das sei alles nicht wahr. Aber – so wie man sagt: Seid untertan der Obrigkeit – in Rußland mußten wir uns fügen. Jetzt sind wir hier und müssen uns so verhalten, wie die Leute es wollen. Ich möchte keinem Menschen mit meinem Erzählen Ärger machen. Ich habe nur einen Wunsch: Unsern lieben Gott, der uns geholfen hat, den will ich nicht vergessen. Auch hier nicht, wo es mir so gutgeht. Weiter will ich nichts.

Bericht der Spätaussiedlerin Frau G. L., geb. 1915

Auch an das Gute, seht Ihr, muß man sich gewöhnen. Das Herz, es kann es kaum ertragen, so viel Gutes, wie wir es jetzt erleben. Da sind wir nun endlich in Deutschland und müssen mit unserem Glück fertig werden wie früher mit unserem Elend. Dabei aber sollten wir nie vergessen, wie es uns in Rußland drüben ergangen ist. Ich will Euch gern darüber berichten, obwohl ich mein, daß es viele Leute gibt, die größere Not erlitten haben als ich. Laß doch diese sprechen, so denk ich bei mir. Aber bezeugen, wie Gott uns geholfen hat, so denk ich, das kann ich ebensogut. Wie nun beginnen?

Also, ich komm von einem Kutter (von Chutor = Weiler) bei Kaluga an der Oka. In diesem Kutter bin ich aufgewachsen, hab dort gelebt bis zu meinem siebzehnten Jahr. Damals – es war wieder eine große Hungersnot – ist mein Papa gestorben und unsere arme Mutter ist allein geblieben mit ihren neun Kindern. Oh, sie hat viel durchgemacht, hat ein schweres Leben gehabt. Selten hat sie gewußt, wie sie die vielen Mäuler sattkriegen soll. Zum Glück hat der liebe Gott diesen Kindern eine gute Veranlagung mitgegeben. Wir haben zusammengehalten wie Pech und Schwefel, war immer einer für den anderen da. So hat sie uns aufgezogen. Wenn einer von uns ein Stück Brot bekommen hat – wir waren immer alle hungrig –, da wurde dieses

Brot gebrochen und einem jeden ein Bissen zugeteilt. Aber ich will von Anfang an erzählen, wie man uns die Wirtschaft abgenommen hat. Das war so:

Wir haben 16 Hektar Land besessen, und das haben wir bearbeitet. Der Vater konnte nicht viel mithelfen, denn er war krank. Hat sich ein Leiden geholt im Nikolaischen Krieg. So haben wir der Mutter bei der Arbeit beistehen müssen – von klein auf. Der Vater hat ja auch getan, was er konnte, aber ihm war die Brust verdrückt. Ich gedenk es noch, wie es hieß: Im Krieg, da wo er war, ist eine Bahn zusammengestürzt, und er ist daruntergekommen. Da hat es ihn verdrückt. Dann hat er noch lange im Hospital gelegen, und als er wieder ein bißchen auf den Beinen stehen konnte, da haben sie ihn nach Hause gelassen, nach unserem Kutter Ekaterinowsk, Rayon Bariatinsk. Aber eine Hilfe haben sie dem Vater nicht zukommen lassen, obwohl er zur Arbeit nicht mehr taugte und so viele Kinder zu versorgen hatte. Später aber haben sie ihm wenigstens erlaubt, eine Ölmühle zu betreiben, darauf hat er sich verstanden, weil er schon als kleiner Junge in der Ölmühle seiner Eltern das Handwerk gelernt hatte.

So haben also Vater und Mutter mit aller Kraft eine Ölmühle errichtet. Ich war damals so dreizehn Jahre alt. Die andern Kinder waren alle jünger, kamen wie die Orgelpfeifen hinter mir her. Der Vater konnte uns zum Glück beibringen, wie man anpackt und mithilft, wie man die Pferde einspannt und sie beim Mahlen antreibt. Gemahlen haben wir Ölkerne – Hanfsamen und Sonnenblumenkerne. Von weit und breit sind die Leute zu uns gekommen, und wir hatten ganz schön zu tun. Die Mutter war Gott sei Dank stark in der Gesundheit und stand bei der Arbeit immer mitten unter uns.

Jetzt aber, kaum daß wir uns ein wenig aufgeholfen haben, fangen sie an mit der Enteignung. Alle Leute, die noch eine Wirtschaft haben, werden raskulatschiert (von raskulatschiwajutsja = enteignet). Nun, wie schon? Alles nimmt ihnen die Obrigkeit ab. Und dann werden die Landwirte selber auch weggeholt. Viele von ihnen werden rausgefahren nach Sibirien. Auch alte Menschen, Frauen und Kinder. Jetzt beginnt erst die große Not!

Sie kommen auch zu uns, die Ältesten vom Oblosk. Fragen nach allem, sehen, daß der Vater krank im Bett liegt und daß sie ihn in dem Zustand nicht wegschaffen können. Sehen auch, daß die Mutter und die Kinder in der Ölmühle schaffen, daß kein Arbeiter da ist, der von uns ausgebeutet wird. Lassen uns also im Haus sitzen, aber alles, was sie im Keller und in der Scheune finden, nehmen sie uns ab, auch die Ölmühle, die Pferde. Alles für den Kolchos. Nur die Kuh dürfen wir vorläufig behalten.

Dann aber kommen sie auch um diese letzte Kuh. Nun war ich schon so bei Verstand, daß ich wußte, ohne die Milch können unserer so viele nicht überleben. Verhungern aber wollen wir nicht. Besprechen wir Kinder uns also: In den Stall kommen die nicht rein, wir werden uns wehren. So greif ich auch wirklich zur Mistgabel, die Geschwister zur Axt und anderem Gerät, wir stellen uns vor die Kuh, versuchen es erst mit

Bitten und Flehen, dann fangen wir an zu schreien und zu drohen. Nein, die Kuh geben wir nicht her, die ist genauso viel wert wie unser Leben. Das Brot vom Tisch haben sie uns genommen, das Leben müssen sie uns lassen. Und da geschieht das Wunder – sie haben ein Einsehen und gehen ohne die Kuh davon.

Nun hatten wir zum Glück das Winterkorn schon eingesät, die Mutter hatte noch im Herbst mit den Pferden gepflügt, alles eingeeggt, und als es an der Zeit war, da konnten wir noch einmal das Getreide einbringen. Und so ging es wieder, Gott sei Dank, für eine Weile. Es reichte zum Brot, und Milch hatten wir vorerst auch.

Aber der Vater denkt voraus. Sie werden uns auch den Acker nehmen und nicht aufhören, uns zu verfolgen, sagt er. Die Älteste muß aus dem Haus, soll selbst versuchen, sich den Unterhalt zu schaffen.

Nun, ich kann mich nicht erinnern, wie alt ich damals war. Ich glaub, so etwa 15 Jahre. Geh ich also dienen in eine Stadt, 70 Kilometer ab von unserm Dorf. Melde mich bei einem Bekannten des Vaters, und der verschafft mir Arbeit in einer Stolowaja, einer Kantine. Für 800 Menschen, für Arbeiter und Schüler haben sie dort Mittagessen gekocht. Anfangs habe ich nur Kartoffeln geschält, etwas anderes konnte ich nicht, hab ja nur wenig gelernt, denn in der Schule bin ich kaum gewesen. Nur der Vater hat mir etwas beigebracht, zu Hause, er lag ja immer krank darnieder, und dann mußte ich mich zu ihm setzen und dies und das von ihm lernen, ein wenig rechnen, ein wenig schreiben und buchstabieren. Mit der Schule ist das nämlich so gewesen: Sie lag 12 Kilometer ab, und der Winter war hart bei uns. Eine Woche nur bin ich täglich diesen Weg gegangen, hin und zurück, und hab mir dabei die Zehen abgefroren. Sagte der Vater: Weißt du, hilf lieber der Mutter zu Hause beim Vieh, ich will dir beibringen, so viel ich selber kann. Das haben wir dann auch so gemacht. Aber schwach, wie der Vater nun einmal war, ist nicht viel dabei herausgekommen.

In der Großküche, der Stolowaja, hab ich mich bei der Arbeit nicht ungeschickt angestellt. Das haben sie bemerkt, und bald schon durfte ich auch bei schwierigeren Verrichtungen helfen, beim Brennen und Waschen, bei Fleisch und Gemüse, nun, bei allem, was in der Küche zu tun ist. Dann habe ich Brot schneiden und das Essen im Speiseraum auseinandertragen dürfen. Es wurde den Leuten an die Tische zugebracht, und das hat mir gut gefallen, ich war zufrieden.

Nun aber kommt plötzlich ein Brief: Der Vater ist gestorben. Und damit hat sich wieder alles für mich gewendet.

Ich geh zur Beerdigung nach Hause. Den Jammer, den ich da vorfind, will ich gar nicht beschreiben. Wenn unser Vater auch immer nur liegen mußte und bei der Arbeit nicht mithelfen konnte, so ist uns sein Rat und sein guter Verstand doch immer von Nutzen gewesen. Nun steht die Mutter allein mit den vielen Kindern, will mich, ihre Älteste, nicht mehr fortlassen. Ich soll, sagt sie, ihr und den Geschwistern beistehn.

So sind wir dann dem Kolchos beigetreten, die Mutter und alle größeren Geschwister. Der eine Bruder wurde Schweinehirt, der andere besorgte die Kälber, der dritte zusammen mit der Mutter die Kühe im Stall. Wir waren froh, überhaupt arbeiten zu können, etwas mußte doch dafür auch abfallen. Wenigstens das tägliche Brot. Und die Kolchose, so wurde uns von der Obrigkeit auf den Versammlungen immer gesagt, die Kolchose hätte nichts anderes zum Zweck als das Wohl des Volkes, und in Zukunft sollte alles viel besser werden. Wir wollten das gerne glauben, denn schlechter hätte es, so haben wir damals gedacht, nun nicht mehr werden können.

Im Frühjahr haben sie auf den Kolchosfeldern dann unser gutes Getreide eingesät, das noch unser Vater mit Verstand vorbereitet hatte. Es war das letzte, das wir geerntet hatten, und es ist ein so gutes Getreide gewesen, daß die vom Kolchos ihre große Freude daran hatten, als sie es aus unserer Scheune herausschafften. Was aber haben sie damit gemacht! Auseinandergeschleppt haben sie es und hingesät, wie es gerade kam. Es war eben schon Kolchosarbeit, und man muß wissen, wie sich die ausnimmt. Heute verstehen sie es schon besser, aber damals gab es eine Mißwirtschaft, für unsereiner nicht zum Ertragen! Es war eben kein richtiger Wirt mehr da, außer drei deutschen Familien nur noch Russen und sonstiges unterschiedliches Volk.

Nun war der Sommer sehr regnerisch, die Felder lagen ganz angewässert da, ist überall hoher Krettich gewachsen – nun, Unkraut! Und als das Getreide reif war, da sind sie in die Felder hinein mit den Pferden, haben alles runtergeschnitten, gedroschen und weggeführt. Bleibt alles für die Aussaat, so sagten sie. Wir haben von der Ernte nichts bekommen. Für unsere Arbeit haben sie uns auf den Tag bezahlt: 200 Gramm Körner von der Putzmühle. Das ist der Abfall von den Sieben. Nun bekommen wir also, die ganze Familie, zwei Säcke Abfall. Für den ganzen Winter und bis zur nächsten Ernte zwei Säcke! Aber wir sind unserer zehn Menschen, neun Kinder – das jüngste war erst sechs Wochen alt, als der Vater starb – und die Mutter dazu. Ja, nun sind wir am Verhungern. Was tun?

In dieser großen Not war der liebe Gott wieder barmherzig und hat uns Leute geschickt – aus der Ukraine. Das waren Amtspersonen von Saporoschje Oblosk, haben Arbeiter gesucht für ihre Kolchosen. Denn die Menschen, die früher dort gelebt hatten, waren verhungert, auch auseinandergefahren und geflüchtet, weil damals in jener Gegend eine so große Hungersnot gewesen ist. Das war im zweiunddreißigsten Jahr. Und das Land ist menschenleer geworden.

Nun kommen sie daher, um neue Leute hinzuholen auf ihre Kolchose in die Ukraine. Hören von unserer Familie, hören, wie gut wir arbeiten können, aber auch, daß wir in großer Not sind, und sie sprechen mit unserer Obrigkeit, daß sie uns ziehen läßt. Zuerst darf nur mein Bruder gehen, er ist ein Jahr jünger als ich, er wird vorausgeschickt, und nach zwei Monaten fahren wir alle nach.

Wenn man nun aber einem Kolchos beitreten will, dann muß man etwas von Wert mit einbringen, sonst wird man nicht aufgenommen. Doch wo nimmt man's her, wenn man nichts mehr besitzt? Alles hatten sie uns schon weggeholt, Geräte, Vieh und Getreide. Nur ein paar Rubelchen waren uns verblieben, die der Vater heimlich aufgehoben hatte, und dazu kam etwas Geld für Kleider und Hausrat, den wir verkaufen mußten. Damit haben wir vom Kolchos ein Pferd gekauft – ein Pferd, das man uns seinerzeit aus dem Stall getrieben hatte. 70 Rubel hat es gekostet, unser eigenes Pferd, ich gedenk mir's noch genau. Das war ein schweres Geld!

Wir haben uns also auf den Weg gemacht mit diesem Pferd, haben es im neuen Kolchos abgegeben. Dafür haben sie uns aufgenommen, und wir durften zur Arbeit gehn. Es waren nicht viele da, die etwas von der Landwirtschaft verstanden, und so hat es für uns viel zu tun gegeben bei Tag und bei Nacht. Nur in der Winterszeit konnten wir drei, vier Stunden nachts zu Hause schlafen, zur Sommerszeit waren wir fast ständig draußen am Feld. Das Getreide mußte gesät, abgenommen und gedroschen werden, wir haben Kukurus (Mais) gebrochen und ihn auf den Fuhren weggefahren. Und vieles dieser Art. Nun gut!

Im fünfunddreißigsten Jahr aber war wieder Hungersnot. Auch wir konnten mit dem Unsrigen nicht mehr auskommen, haben sehr gedarbt, sind aufs Feld gegangen, haben Balanda geholt und dieses Unkraut gekocht. Gras haben wir gekocht und gegessen. Sonst gab es nichts im Haus. Und die Kinder waren zum Teil noch klein, schrien ständig nach Essen. Einer meiner Brüder, der noch zur Schule ging, bekam dort täglich drei Stück Brot. Auch er aber wurde immer schwächer, wurde krank und schleppte sich trotzdem immer wieder zur Schule, nur um dieses Brot nicht zu verlieren. Ein Habster von 50 Gramm. Was war das schon? Aber nicht, daß er es aufißt, er bringt es nach Hause und teilt es mit seinen Geschwistern. Gibt jedem von ihnen etwas ab, weil sie vor Hunger schreien, und die Mutter ist weg, bei der Arbeit. Von Tag zu Tag ist er dabei schwächer geworden, hat auch immer gefroren, denn zum Anziehen war auch nichts mehr da. Dann hat er Durchfall bekommen und ist gestorben.

Vom Kolchos haben sie uns kein einziges Brett gegeben, um ihm einen Kasten zu machen. Wir haben damals in einem Stall gewohnt. Nun, es war ein Obdach, wie man sagt, wir haben ein Dach über dem Kopf gehabt. Und in diesem Stall gab es noch eine alte Futterkrippe, aus der das Vieh gefressen hat, die haben wir abgerissen und daraus einen Kasten zusammengeschlagen, haben den Bruder hineingebettet und auf einen Karren geladen. Haben ihn selber gezogen und rausgefahren. Haben ein Loch gegraben und den Bruder beerdigt. Nichts war da, kein Kreuz, kein Pfarrer, kein Mensch außer uns. Wir waren eben in einem Russendorf, ohne Freunde und Verwandte. Nun ja, die Russen waren auch nicht besser dran als wir, hatten auch keinen Geistlichen mehr. Da, wo wir lebten, war nichts von einem Gotteswort zu hören, weit und breit nicht!

Ich selber konnte damals der Familie nicht beistehn. Mich hatten sie vom Kolchos zu einer Arbeitsstelle geschickt, die 12 Kilometer weit entfernt war, und monatelang haben sie mich nicht nach Hause gelassen. Gewohnt habe ich da mit vielen andern zusammen in einer Baracke, immer zwei Pritschen übereinander. Ich war nicht schlecht untergebracht, denn im Winter, wenn andere frieren mußten, wurde bei uns ein bißchen geheizt. Irgend etwas hat man uns auch zu essen gegeben morgens und abends. Wenn es auch nur eine dünne Suppe war, man blieb dabei am Leben.

So ging es bis zum sechsunddreißigsten Jahr, da ließ Gott wieder alles geraten. Und die Arbeit brachte uns auch etwas ein: fünf Kilo Weizen gab es auf den Tag. Das war ein gutes Jahr. Und in diesem Jahr hab ich auch geheiratet.

Ach, der liebe Gott hat das alles so wunderbar gemacht! Der Mann, den ich kennenlernte, war auch ein Deutscher. Er war von Tula und ich von Kaluga. Aber hier, weit weg, in Saporoschje, in der Ukraine, haben wir zusammengefunden. Es sollte so sein! Eine Hochzeit gab es nicht, nein, keine Hochzeit! Aber wir sind miteinander in den Laden gegangen und haben uns zwei Töppchens gekauft zum Teetrinken, und eine Schüssel, zwei Löffel und eine Kasserolle zum Kochen. Nun, das war nicht viel Reichtum, aber wie haben wir uns darüber gefreut. Man kann das gar nicht erzählen!

So sind wir also zusammengekommen, sind bald darauf in einen andern Kolchos übergegangen, weil es wieder schlimmer wurde mit der Verpflegung. Dachten, wir könnten anderswo besser auskommen, aber das war ein Irrtum. Obwohl wir bis zum Umfallen haben roboten, also arbeiten müssen, zum Essen hat es kaum gereicht. Auf den Tag 200 Gramm Abfall von unter der Putzmühle. Das haben sie uns gegeben. Weil sie im Kolchos selbst nichts hatten. Die Frucht war nicht geraten, und was da war, das mußte abgeliefert werden. Ich gedenk mir's noch, wie groß die Hitze damals war, das Getreide konnte nicht wachsen, dann kamen die Würmer rein, haben viel vernichtet. Wenn wir am Leben bleiben wollten, mußten wir auch von da wieder weg.

Wie waren wir dankbar, daß unser alter Kolchos uns wieder aufnehmen wollte. So sind wir dahin zurückgekehrt. Wir haben dafür keine Arbeit gescheut, haben tüchtig geschafft und konnten uns mit der Zeit auch selber dabei ein wenig aufhelfen. Ich habe die Schweine gefüttert und die Kühe gemolken. Anfangs waren es nur drei Kühe – mehr hatten sie nicht im Kolchos –, dann aber hab ich die Kälber aufgezogen, andere hat man zugekauft, und so wurden es immer mehr. Ich hab dabei ganz schön verdient. Denn weil ich immer bei der Arbeit war, wurden mir oft für einen Tag zwei Tagwerke angeschrieben. Das war möglich, wenn man seine Sache aufgearbeitet, nun, wenn man die Norm übererfüllt hatte. Das hab ich immer getan, und mein Mann auch, und so haben wir uns bald selber ein Kuhchen kaufen können. Ein Schweinchen haben sie mir umsonst überlassen, ein kleines, nun, so ein Ferkelchen. Das haben wir aufgezogen, und so ging es uns immer besser in diesem Kolchos.

Dann ist unsere Tochter zur Welt gekommen, und es wurde eng bei den Leuten, die uns zum Wohnen aufgenommen hatten. Jetzt sagten wir uns: Wir wollen unser Eigenes haben. Ein Häuschen ganz für uns allein. Bitten wir also um ein Stückchen Land zum Bauen. Das haben sie uns gegeben, im ganzen 50 Sotes (Hundertstel). So, jetzt baut, wenn ihr könnt!

Was haben wir da gespart und gespart, wie wir wußten und konnten. Haben angefangen, die Wände zu machen, die waren aus Lehm, wie es dort üblich ist. Die Balken waren schon teurer, die haben wir kaufen müssen. Und eines Tages stand das Häuschen da, mit ganz kleinen Fensterchen, drei an der Zahl. Sah lustig aus, aber so waren dort eben die Häuser. Wir haben es dann von innen schön ausgeschmiert und ausgeweißelt, so recht zum darin leben. Waren aber nur drei Zimmerchen im Haus. Einen Keller haben wir auch gemacht und einen Stall für das Schwein, die Hühner und die Kaninchen. Es war im vierzigsten Jahr, da hatten wir alles fertig. Waren endlich in unseren eigenen vier Wänden, und es gab Platz für uns alle. Auch Platz für ein Waisenkind, einen sechsjährigen Jungen, den wir an Kindes Statt aufgenommen hatten. Den Vater dieses Jungen – er war ein Bruder meiner Mutter – hatten sie mit vielen andern im siebenunddreißigsten Jahr festgenommen und verschleppt. Bis heute wissen wir nicht, wo er geblieben ist. Kurz darauf starb auch seine Frau, und zurückgeblieben drei Kinder, die hin und her geschoben wurden, bis meine Mutter zwei von ihnen aufnahm, und das dritte, der Adolf, bei uns eine Unterkunft fand. So hatten wir nun für zwei Kinder zu sorgen. Mit Gottes Hilfe, so dachten wir, werden wir es schaffen.

Es kommt aber das einundvierzigste Jahr. Am 5. September holen sie mir den Mann weg – nach Solikamsk Borowoje, das hab ich aber später erst erfahren. Und dann kam die Reihe an mich und die Kinder. Am 27. September, es ist schon finsterer Abend, fährt mit einmal eine Fuhre vors Haus. Steigt einer aus mit der

Flinte, ein Uniformierter, und mit ihm einer der Ältesten, der Predsedatel (Vorsitzender). Sie kommen zur Haustür, und ich denke, was wollen die bloß? Will gleich Licht anzünden, aber der Predsedatel läßt mich nicht. Poschol – Los!, sagt er, mach dich fertig, und rauf mit euch, auf den Wagen. Aber die Lampe nicht anstecken, sagt er. Warum nicht, sag ich, was soll das alles? Ja, sagt er, der Hitler schläft nicht. Darf das Licht nicht sehen. Hier bei uns, sag ich, wie denn? Bin ganz verwirrt. Mein Kind, es ist zwei Jahre alt, liegt im Bett, brennt vor Fieber. Der Adolf ist gerade zur Mutter gelaufen, Rat holen. Und jetzt kommen sie zu allem übrigen daher, wollen uns wegführen.

An so etwas hab ich nicht glauben können. Wir waren in einem Russendorf, haben uns mit allen Leuten gut verstanden, haben immer nur gearbeitet und uns nichts zuschulden kommen lassen. Keiner hat etwas gegen uns gehabt, keiner hat uns jemals vorgeworfen, daß wir Deutsche wären oder dieses und das! Ich muß es sagen, denn das war so. Wir standen uns gut mit allen, auch weil ich immer geholfen hab, wo ich nur konnte.

Jetzt kommen sie auch wirklich zusammengelaufen, die Nachbarn, die Russinnen, wollen mir beistehn. Zuerst haben sie mir die Fenster zugehängt und dann das Licht doch angesteckt. Das war solch eine Lampe von Naphta – Petroleum – mit einem Docht drin. Bei diesem Licht laufen sie im Haus herum wie graue Schatten und klauben meine Sachen zusammen. Ich seh es noch deutlich vor mir. Ich selbst aber hab geschrien und mir die Haare gerissen, hab immer gesagt: Wo soll ich hin bei Nacht mit den Kindern? Ich hab mir doch das Haus verdient mit meiner Arbeit. Ich hab mich hier versorgt für den Winter. Hab die Kartoffeln im Keller, zwei Schweinchen im Stall – eines zum Schlachten, eines zum Verkaufen, damit wir uns einkleiden, haben noch immer nichts Ordentliches zum Anziehn. Endlich sollte es uns besser gehn, und was nun?

Ich bin gerade beim Brotbacken gewesen, wie sie gekommen sind. Das Brot war noch weich im Ofen, war noch nicht gar. Was nehm ich zu essen mit? Nichts hab ich, nichts! Wo soll ich hin? Nun waren die Nachbarn gute Menschen. Sind gelaufen und haben Suchari gebracht, nun, das ist getrocknetes Brot, der eine Hirse, der andere ein Stückchen Speck. Haben auch meine acht Hühner geschlachtet, zusammengepackt, alles rauf auf den Wagen.

Ich aber hab immer geschrien, hab keine Hand gerührt. Ich wollte nicht weg, wollte nicht raus, irgendwohin mit dem kranken Kind. Das hat vor Hitze gebrannt. Aber der Predsedatel war ohne Erbarmen: Keine Rede, daß du da bleibst, sagt er, du bist eine Deutsche. Es ist nicht deinetwegen, es ist wegen deiner Landsleute. Die Deutschen rücken heran, und du mußt raus!

Inzwischen kommt der Junge gelaufen, er weint und sagt, bei der Mutter sind sie auch, haben schon alles aufgeladen. Jetzt bleibt mir nichts mehr übrig, ich hol die Kleine aus dem Bett und steig mit ihr auf den Wagen.

Haben sie uns also abgefahren. Drei Pferdefuhren kamen noch dazu, drei deutsche Familien aus dem

Dorf, darunter die Mutter und meine verheiratete Schwester mit all ihren Kindern.

Sind wir also gefahren. Gefahren in die Nacht. Es war nicht sehr kalt, ging gerade noch, jetzt im September. Kommen nach Swetla Dalinsk, das war die Station, von wo sie uns später mit dem Zug weitergefahren haben.

Zuerst brachten sie uns in eine riesige Scheune. Da waren schon viele Deutsche drin, ganze Dörfer beieinander, wir aber haben kaum jemanden von ihnen gekannt. Konnten uns auch nicht viel umsehn, alles lag und stand dichtgedrängt zusammen. Der eine krankte, der andere starb, der dritte wurde geboren, es war nichts als Geschrei und Gewimmer da drinnen. Ich, mit meinem kranken Kind auf dem Arm, hab nicht gewußt, wohin in dem Gedränge. Der Mutter haben die Zähne angefangen zu reißen, die Schwester war schwanger und zu nichts zu gebrauchen. Ich hab das alles noch genau vor meinen Augen. Nun, wir haben die zwei Tage dort überstanden, Gott sei Dank. Am dritten Tag haben sie uns in einen Zug reingepfercht, in eine dieser Okschen, das sind Viehwaggons.

Und dann haben sie uns weitergefahren. Wohin es ging, das wußten wir nicht. Sind lange unterwegs gewesen, haben unsere liebe Not gehabt mit allen Verrichtungen. Nur gut, daß wir uns manchmal auch etwas abkochen konnten. Blieb der Zug stehen, irgendwo im Wald, schon waren wir draußen, haben flink Holz gesucht, Feuer gemacht, gekocht und die Kinder gefüttert. So sind wir mit Gottes Hilfe nach einem Monat hingelangt nach Kustonai in Kasachstan, wenn ich es recht versteh – Rußland ist ja so groß! Dort war es kalt, schon tiefer Winter. Haben sie uns rausgelassen aus dem Zug, war alles voller Schnee, fast zum Versinken.

Nun bringen sie uns in eine Schule im Kolchos Schulji. Da stehen schon viele Leute herum, bei denen wir Unterkunft finden sollen, meistens Bäuerinnen, die uns ansehen, als ob wir der Hölle entsprungen wären. Sie haben es schon oft gehört: Die Deutschen sind Teufel. Sie gucken, ob wir wirklich Hörner haben, und wundern sich, daß wir wie ihresgleichen aussehen, daß wir uns wie Menschen verhalten und freundlich zu ihnen sprechen. Das tun wir nämlich, denn wir wollen ja leben und nicht umkommen in dieser Babylonischen Gefangenschaft. So fassen sie langsam Zutrauen und sträuben sich nicht weiter, uns aufzunehmen, wie es die Obrigkeit befiehlt. Mit der Mutter und der Schwester können wir nicht zusammenbleiben, jede Frau kommt mit ihren Kindern in ein anderes Haus. Die Alte, der ich mit den Kindern zugeteilt werde, wohnt in einer windschiefen Hütte. Da bekommen wir einen Raum, klein und schmutzig, mit Fußboden und Wänden aus Lehm. Und wir richten uns ein, so gut es eben geht.

Am nächsten Tag schon fängt die Arbeit an. Die Schwester darf, weil sie schwanger ist, zu Hause bleiben, die Mutter wird im Kuhstall als Wache eingestellt, ich muß aufs Feld, denn der Weizen steht noch draußen, obwohl alles voller Schnee liegt. Viel, viel Weizen hat da noch im Schnee gestanden, alles niedergedrückt, und die Ähren schon fast leer. Mit Sichel und

Sense haben wir dieses Korn aus dem Schnee gegraben und geschnitten. Ich konnte gut mähen, hatte es schon als Kind gelernt. So war man von Anfang an mit mir zufrieden. Mannsleute hat es bei der Arbeit nicht gegeben, die waren bereits alle fort. Waren nur die Natschalniki (Aufseher) da zum Kommandieren. Und wir Frauen, wir mußten ran! Haben auch fleißig geschafft, so lange wir konnten. Aber unsere Kraft war bald verbraucht.

Wenn ich abends mit der Arbeit fertig war – schon im Finsteren –, hab ich mir den Buckel vollgeladen mit Stroh, um damit zu Hause die Stube zu heizen. Da war der Junge und die kleine Tochter, die den ganzen Tag allein bleiben mußten, sie konnten sich in der Kälte nie richtig aufwärmen. Komm ich also mit dem Stroh nach Hause, bring es zum Brennen, koch eine Suppe ab und schau nach dem Rechten. Und wenn die Kinder schlafen, mach ich mich ans Nähen und Stricken.

Diese Arbeit hab ich für meine Wirtin verrichten müssen. Sie war eine zänkische Frau und hat es uns immer wissen lassen, daß wir eine Last für sie waren. Freundlich hat sie sich nur gezeigt, wenn ich ihr etwas abtrat von den Kleidern, die ich mitgebracht hatte. Aber damit war es bald zu Ende, und die Alte wurde immer unwilliger. So hab ich begonnen, für sie zu nähen und zu stricken, und das konnte nur in der Nacht geschehen. Viel zum Schlafen kam ich dabei nicht, nun, ich war schon so müde, daß mir die Augen zuschwollen. Denn morgens, ehe es hell wurde, mußte ich schon wieder auf und losrennen, um mich nicht zu verspäten.

So ging das bis zum Frühjahr, aber mit der Wirtin gab es kein gutes Auskommen. Ich konnte mich für sie plagen, soviel ich wollte, es half nichts. Ich hab sogar ihre Arbeit im Kolchos getan, hab das ganze Haus sauber gehalten, sie hat kaum noch einen Finger rühren müssen. Denn auch der Junge mußte im Haus mithelfen, hat die Wände und den Fußboden frisch ausgeschmiert mit Lehm, hat immer nur geschmiert, der Adolf. Aber rechtmachen konnten wir's der Frau nie und nimmer.

Dann kam es, daß wir im Kolchos eine andere Unterkunft fanden. Hatte da einer zu bauen begonnen und ist weggeschafft worden, ehe das Haus fertig war, es standen da nur die halben Wände aus Lehm und kein Dach darüber. Aber wie waren wir froh, als es uns zugewiesen wurde. Mit Mutter und Schwester haben wir uns an die Arbeit gemacht und alles schön ausgefertigt. Es wurde uns erlaubt, Strauchwerk aus dem Wald zu holen, damit haben wir die Wände hochgezogen, haben sie mit Lehm verschmiert, ein Dach draufgesetzt und schließlich alles schön ausgeweißelt. Aus Strauchwerk haben wir auch Betten gemacht, Stroh darüber gepackt, daß man drauf liegen konnte. Wenn einer müde ist, dann schläft er, wo immer er sich drauflegt. Auch einen Ofen aus Lehm haben wir mit der Schwester gebaut. Kein Kunstwerk, aber man konnte ihn gut benutzen.

Nun waren wir wieder alle unter einem Dach, die ganze Familie, elf Personen. Es war wohl eng in unserer Hütte, aber wir waren froh, zusammen zu sein und einander helfen zu können.

Ich denk mir's noch genau, wie die Mutter mit der

Schwester in den Winternächten gestrickt und gesponnen, wie sie die Wolle gepudelt haben, die die Leute ihnen brachten. Und ich hab für Fremde genäht, mal hier ein Kleidchen, mal dort einen Mantel, und für all das haben wir Lebensmittel bekommen. Der eine brachte eine Kanne Milch, der andere ein paar Kartoffeln oder einen Krautkopf, und das war für uns ein großer Gewinn. Wir haben unser Leben damit gerettet. Auch wenn es kümmerlich zugegangen ist. Denn manch einer ist uns den Lohn schuldig geblieben, und andere haben bloß so gegeben, daß ihnen die Augen dabei geblutet haben. Für gute Arbeit ein paar Kartoffelschalen oder die Wadich, nun die Molke, von der Milch.

So kam der liebe Sommer heran, mußte ein jeder wieder hart an die Arbeit, auch in der Nacht. Aber vom Kolchos haben wir damals keine Lebensmittel bekommen, keinen einzigen Bissen. Auch wenn wir am Verhungern waren – zur Arbeit mußten wir gehn. Zwei Jahre lang haben sie den Deutschen nichts zugeteilt, nicht einmal ein Stückchen Erde, um etwas darauf zu pflanzen. Zwei Jahre rein nichts! Es war eine Hungersnot unter den Deutschen – man sollte gar nicht daran zurückdenken. Viele von ihnen, die es nicht verstanden, sich etwas zu beschaffen, und die auch nichts zum Tauschen hatten, sind damals verhungert. Wer noch etwas herzugeben hatte, Kleider oder Hausrat, der konnte dafür Kartoffeln bekommen oder ein paar Rüben. Solange die Leute etwas zum Tauschen hatten, haben sie gelebt. Hatten sie nichts mehr, mußten sie sterben. Auch ich hab alles beigeschmissen, was noch da war. Die Kissen aus dem Bett, eines nach dem andern, schließlich auch die Decken. Bloß eine habe ich behalten, hab mir einen Mantel draus genäht, bin damit in der Kälte arbeiten gegangen und nachts hab ich die Kinder darin eingewickelt. An den Füßen hab ich nur noch Gummischuhe gehabt – wir sagen Galoschen dazu. Darin konnte man im Sommer gut laufen, aber für den Winter waren die nicht geschaffen. Die ledernen Stiefel hab ich im ersten Jahr schon eintauschen müssen.

Die Mutter wurde als erste so schwach, daß sie nicht mehr zur Arbeit rausgehen konnte. So hat sie wenigstens nach den Kindern sehen können, wenn ich nicht zu Hause war. Und nach Hause konnte ich immer seltener kommen, denn nachts mußte ich bei den Pferden schlafen, zur Aufsicht im Stall bleiben. Und wenn es bei Tag eine freie Stunde gab, dann bin ich zum Brechen gegangen, etwas fürs Feuer holen. Da gab es einen großen Strauch, Polin nennen wir ihn, der mußte gebrochen und nach Hause geschafft werden, es gab sonst nichts anderes zum Heizen. Um an diesen Strauch heranzukommen, mußte man weite Strecken laufen, und dabei hab ich mir in meinen Galoschen zur Winterzeit oft die Füße erfroren. Einmal waren sie so dick geschwollen und haben so furchtbar geschmerzt, daß ich nicht mehr gehen noch stehen konnte. Bin also am nächsten Tag nicht zur Arbeit gegangen. Und schon kommen sie vom Kolchos mich holen. Ich aber kann mich nicht rühren, und sag es ihnen. Da drohen sie mir, mich mit allen Kindern in den Wald zu fahren und dort auszusetzen, damit wir erfrieren. Und sie meinen es ernst! Da hab ich geweint und ihnen meine Füße gewiesen, die waren wund und voller Blasen, so daß sich sogar diese harten Leute abwenden mußten. Haben mir erlaubt, zu Hause zu bleiben, bis die Wunden ein wenig verheilt waren. Die Sohlen waren ganz abgeledert, die Haut abgegangen, aber ich bin so schnell wie möglich wieder hinaus zur Arbeit. Wenn ich nicht gegangen wäre, hätten sie mich schließlich doch in die Wälder geschafft, so wie sie es mit manchen Leuten gemacht haben. Und das ist wahr. Es sind damals viele Kinder zurückgeblieben, einige von ihnen sind verhungert, manche haben auch überlebt, wurden in ein Kinderhaus gebracht und dort zu Russen und Kommunisten erzogen, haben kein deutsches Wort mehr gehört. Ich aber hab versprochen, immer mit aller Kraft zu arbeiten, nur die Kinder sollten sie bei der Mutter lassen. Was hab ich gezittert, daß sie einmal allein bleiben müssen, die Kinderchen!

Im nächsten Sommer dann, in der Säe- und Erntezeit mußte ich monatelang in einem weit entfernten Sektor arbeiten. Der Kolchos war groß, und abends konnte ich nicht immer nach Hause kommen. In jenem Sektor habe ich zum ersten Mal, seit ich im Kolchos arbeitete, etwas zu essen bekommen. 500 Gramm Brot haben sie mir auf den Tag gegeben, es war ein nasses Schwarzbrot, wie ein Klumpen Lehm, aber das hat in jener Zeit geschmeckt wie Honig! Und jetzt – was tun? Es selber essen? Hier bekomme ich noch etwas, das sie Suppe nennen. Es ist eine warme Brühe mit ein paar Krautblättern drin. Aber die Kinder zu

Hause, was essen die? Ich nehm das Brot, will hineinbeißen. O nein, ich heb es auf für die Kinder. Aber der Hunger! Ich eß es doch lieber selbst. Vor Hunger wird einem schwarz vor Augen. Und die Arbeit muß getan werden. Eß ich's nun oder eß ich es nicht? Wenn ich nach Hause komme, werden mir die Kinder um den Hals fallen: Mamotschka, ich will essen! Tante, wir hungern! Also steck ich es schnell in die Tasche, lauf nach Hause, den weiten Weg. Dort brech ich das Brot und teil es aus, daß sie etwas in den Magen kriegen, die Kinderchen, einen Bissen zum Hinunterschlucken.

Hat man da irgendwie ein paar Kartoffeln verdient, mit dem Stricken, mit dem Nähen, dann weiß man nicht, was man draus machen soll, damit möglichst viele davon essen können, daß es für alle langt. Ach, ich sage, man kann schon viel ertragen, aber am schlimmsten ist es, die Kinderchen leiden zu sehen. Man läßt sich selbst quälen, aber zusehn zu müssen, wie Kinder gequält werden, das geht über die menschliche Kraft!

Nun will ich von meinem Bruder erzählen. Zwölf Jahre war er alt, als wir hier in den Kolchos kamen. Mußte aber gleich schwere Arbeit verrichten, wie ein Erwachsener. Ist Chunikum gewesen, mußte die Pferde versorgen. Mußte auch das Heu heranholen von weit her. Es wurde draußen gelagert, in der Steppe. Im Winter bei Kälte und tiefem Schnee mußte er weit hinausfahren, es auf den Schlitten laden und zu den Ställen schaffen. Dabei ist sein Fahrzeug oft steckengeblieben, auch umgefallen. Das Pferd war elend, und der Junge mußte sich furchtbar plagen, aber Gott hat ihm immer wieder Kraft gegeben.

An seinem 14. Geburtstag ist es gewesen. War Sommerzeit, so um die Ernte herum. Da hat er die ganze Nacht bei den Pferden gewacht, und bei Tag hat er Wasser heranfahren müssen zu einem Platz auf dem Feld, wo wir mittags immer versammelt waren. Wir kommen auch jetzt dahin, auch der Bruder mein, er ist todmüde, legt sich hin an den Wegrand ins Gras und schläft ein. Auf einmal taucht der Brigadier auf, sieht, daß der Junge schläft, das bringt ihn in Wut, und er knurrt: Den Faschisten mach ich tot! Ein Wagen steht da mit Ochsen bespannt, er greift nach ihren Hörnern, zieht an und läßt den Wagen über den Jungen hinwegrollen. Es geht so schnell, daß keiner zuspringen und ihn aufhalten kann. Es ist noch ein anderer deutscher Junge dabei, der schreit wie gepeinigt: Was machst du da? Darauf greift der Brigadier nach einer Axt und stürzt zu ihm hin: Auch dich bring ich um! Der aber auf und davon! Rennt los, der Brigadier hinter ihm her, der Junge springt um sein Leben. Ich hab das angesehn, konnte kein Glied rühren, nur schreien. Der Bruder aber liegt da wie tot. Und ich kann ihm nicht helfen. Die andern Leute stehen im Kreis um ihn herum, keiner traut sich heran. Dann seh ich, er kommt zu sich, aber vor Schreck und Schmerz weiß er nicht, was ihm ist. Zum Glück war der Wagen leicht, war nichts darauf geladen. So ist der Bruder mein lebend davongekommen. Aber schreckliche Leibschmerzen hat er gehabt, hat sich gewunden, hat gestöhnt und geweint. Wegführen durften wir ihn nicht. Der Brigadier mit seiner Axt war plötzlich wieder da, hat gezittert vor Zorn und hat uns mit Fluchen und Schreien wieder zur Arbeit gejagt. Erst am Abend haben wir den Bruder zur Mutter heimbringen dürfen.

Er hat nachher lange liegen müssen, und wie es ihm wieder leichter war, hat er gesagt: Mutter, sagt er, ich will nicht mehr leben. Warum? Ach, das Leben ist so schrecklich! Und wieder sagt er: Ich will nicht mehr leben, es sei denn, ich komm weg von hier. Es ist ihm nicht mehr auszureden. Ich will gehen, sagt er, und mich zu einer andern Arbeit melden, weit weg von hier. Mögen sie mich wohin immer schicken, aber ich will nicht mehr gequält werden durch soviel Schlechtigkeit der Menschen. Nach vielem Hin und Her hat die Mutter ihm erlaubt, sich zur Trudarmee zu melden, und man hat ihn angenommen. So ist er weit fort, nach Workuta, gezogen. Und wenn es ihm dort auch nicht um vieles besser ergangen ist, so hat er doch wenigstens täglich sein Brot gehabt und ist nicht verhungert.

Kaum war er weg, haben sie uns die Wohnung abgesagt, die wir mit so viel Mühe zurechtgemacht hatten. Waren Lehrer ins Dorf gekommen, die mußten untergebracht werden. Und sie haben nichts Besseres für sie finden können als unser Häuschen. Haben eine Lehrerin mit zwei Kindern hineingesetzt, und uns haben sie eine Ecke im Kuhstall zugewiesen. Denn es war Sommerszeit, das Vieh immer draußen auf der Steppe, so war der Stall gerade recht für unsereiner. Wir waren jetzt aber nicht mehr elf, sondern nur noch neun Leute in der Familie, denn eines von den Kindern, die meine

Mutter in Pflege genommen hatte, war nun auch schon 14 Jahre alt geworden und zur Trudarmee gegangen. So blieben wir nur noch unser neun. Da haben wir uns im Kuhstall mit Lehm eine Wand gezogen, haben uns einen Raum abgeteilt und einen Ofen hineingebaut.

Und wie es nun geht zur Sommerszeit: Wir hatten schwere Feldarbeit zu verrichten. Es wurden die Pferde angespannt, immer zwei Pferde vor eine Maschine, mit der man Getreide mäht, und auf jedes Pferd haben sie ein Kind gesetzt zum Antreiben. Einer aber mußte auf die Maschine, um die Legen hinunterzuschmeißen. Das hab ich gemacht. Hab immer Legen gemacht aus Ähren und die dann hinuntergeworfen. Dort wurden sie zu Garben gebunden. Bis abends spät, bis es dunkel wurde, hab ich Legen geschmissen.

Wenn es finster war, dann hat es geheißen: Runter von der Maschine, Korn fahren! Mußten dann Ochsen anspannen und auf den Fuhren gedroschenes Korn zum Elevator fahren. In der Nacht. Wir waren drei Frauen dazu kommandiert. Der Elevator war so etwas wie eine Scheune, in der man das Korn verwahrt. Wenn wir mit der Fuhre ankamen, mußten wir uns die Säcke aufbuckeln, zum Elevator tragen, die Frucht einschütten. Solange noch nicht viel drin war in diesem Elevator, ging das Aufschütten leicht. 75 Kilogramm im Sack hat einer dem anderen aufgebukkelt; haben geschleppt und geschleppt, den Sack geleert und den nächsten geholt. So wie sich der Elevator aber immer höher und höher mit Getreide füllte, mußten auch wir auf schmalen Brettern immer höher klettern mit den schweren Säcken, um sie oben auszuschütten. Und das bei Dunkelheit in der Nacht.

Diese Arbeit hat mehr als einen Monat gedauert, und ich bin dabei immer schwächer geworden. Denn ein Ruhen hat es nur gegeben, wenn wir auf den Wagen zurück aufs Feld gefahren sind, um neues Getreide zu holen. Die Ochsen fanden den Weg fast allein zurück, und wir konnten die Augen ein bißchen schließen, schreckten bei jedem Loch, in das der Wagen rumpelte, nickten wieder ein, und das war unser Ruhen, sonst hat es keinen Schlaf gegeben. Und dann ging's wieder los mit dem Aufladen, Abladen und Schleppen, bis es bereits wieder Tag war. Und dann hat man frisch von vorne anfangen müssen, auf der Maschine beim Mähen.

Da war ich zum Schluß schon so müde und so schwach, daß ich die Säcke kaum noch auf den Buckel nehmen konnte. Eines Nachts geh ich wieder hoch, steig mit dem schweren Gewicht die Bretterleiter hoch, komm ins Taumeln und fall mit meiner ganzen Last hinunter. Bleib liegen und kann mich nicht mehr rühren. Hab mir das Kreuz kaputtgemacht. Nun lieg ich da, was tun?

Die beiden Frauen mußten nun das Letzte allein vom Wagen noch schleppen, konnten sich erst um mich kümmern, als alles aufgeschüttet war. Das hat nun länger gedauert als vorgeschrieben, und schon war der Brigadier zur Stelle: Was treibt ihr so lange? Warum seid ihr noch nicht zurück? Man sagt ihm, so und so, es ist etwas passiert. Fängt er an zu fluchen:

Die will ja bloß nicht arbeiten, schreit er, auf mit dir! Da stellen sich aber die Frauen vor mich: Die hat gearbeitet, bis sie wirklich umgefallen ist, immer vorne ist sie bei der Arbeit gewesen – vor uns allen! Jetzt aber kann sie nicht mehr.

Hat er mich endlich auf dem Wagen nach Hause führen lassen. Und da hab ich dann gelegen auf der Diele, konnt mich nicht rühren. Außer den kleinen Kindern war niemand da, mir zu helfen. Die Mutter war zu jener Zeit Wächter beim Vieh, kam auch des Nachts nicht nach Hause. Erst als es ihr zugetragen wurde, was geschehen war, kam sie angelaufen, beim hellichten Tag, da hat sie mir das Kreuz geschmiert, mich gebettet und zurechtgemacht. Hat dann versucht, einen Arzt zu bekommen, war aber keiner zu finden. Nur 15 Kilometer weit hat es einen gegeben, doch keine Fuhre, um mich hinzuschaffen. So hat halt die Mutter getan, was sie an Pflege verstand, und Gott sei Dank ist es von Tag zu Tag doch besser geworden. Nach einem Monat war mein Kreuz soweit gestärkt, daß ich mich wieder rühren konnte. Bald konnte ich sogar aufstehen, mich hinausschleppen an die Luft vor die Türe, mich da hinsetzen. Aber die Kolchosniki haben das gesehen, und schon sind sie dahergekommen: Schluß mit dem Faulenzen, jetzt wird wieder gearbeitet! Wollten mich gleich aufs Feld schicken, ich aber hab keine Kraft gehabt. Wenn ich auf den Beinen stand, hat's mich ins Kreuz gestochen wie mit Messern. Und weil sie es mir nicht glauben wollten, haben sie mich zum Arzt gefahren. Jetzt plötzlich war ein Wagen da zu diesem Zweck. Sie stellt sich krank, so haben sie zum Arzt gesagt. Der aber hat mich untersucht und dann doch nur für eine leichte Arbeit ausgeschrieben. So haben sie mich als Wächter zu den Schafen hingestellt. Mußte die kleinen Lämmer, wenn sie geboren wurden, flink abnehmen, reinmachen und aparthalten, auf sie aufpassen. Das konnt ich tun.

Im nächsten Frühjahr aber sagen die Kolchosniki, ich könnte schon wieder schwer arbeiten, im Schafstall wäre es zu leicht für mich. Zu Anfang April mußte ich wirklich aufs Feld hinaus, das Kolchosvieh hüten, und sie sagten, das wäre auch keine schwere Arbeit. Haben mir aber erlaubt, zwei Jungs, meinen Bruder und den Adolf, mein Ziehkind, mit hinauszunehmen, mir zu Hilfe. Das ist ganz gutgegangen, sie sind gelaufen, und ich hab aufgepaßt.

So haben wir also das Vieh gehütet bis zum Monat Mai. Jetzt kommen sie wieder und ordnen an, daß ich auch nachts hüten muß. Die Milchkühe. Nun ja, absagen, das konnte ich nicht. Bin also auch nachts draußen auf dem Feld geblieben, aber es war sehr schrecklich. Immer haben die Wölfe geheult und sind heran ans Vieh. Das Vieh aber war klug, hat gelernt, sich zu wehren. Die großen Rinder schließen sich bei Gefahr zusammen zu einem Kreis, nehmen die kleinen Kälber in die Mitte rein und verteidigen sich dann mit den Hörnern nach außen. Anfangs hab ich die Kälber nicht mit dabeigehabt. Hab die große Herde gehütet auf offenem Feld, nur weit in der Ferne hat es Wald gegeben. Ein großer Wald war es mit vielen Büschen. In der Nacht war es da draußen in der weiten und dunklen Steppe schrecklich und schaurig. Ich hatte

Angst – das kann man sich vorstellen! Hab also immer einen der Jungs auch zur Nacht mit hinausgenommen. Der hat sich hingelegt, hat geschlafen, und ich hab gewacht. Hab mir ein Feuerchen angesteckt, das sollte die Wölfe fernhalten. Des Morgens hab ich das Vieh dann zum Milchen getrieben.

So ging das bis zu Anfang Juni. Dann ist mir der Jung vertrunken ... Der Junge, den ich aufgezogen hab, der Adolf. Und wie ist das geschehen?

An jenem Tag haben wir das Vieh mittags zum Milchen getrieben. Zu einem Platz an einem großen Wasser, an den Fluß Tagusak. Dort bildet er eine Bucht, weit wie ein See. Am Ufer hat immer einer gelegen und hat aufgepaßt. Wenn das Vieh zum Wasser ging, mußte er es wegtreiben, damit die Frauen es milchen konnten. Nun, das Vieh ist immer ins Wasser reingegangen. Jetzt aber war es Zeit zum Raustreiben, so um drei Uhr nachmittags. Am Ufer aber, wo mein Bruder aufpassen soll, da rührt sich nichts. Ich warte und warte, dann ruf ich den Adolf. Geh, sag ich, weck den andern auf, der ist sicher eingeschlafen vor Müdigkeit. Ich bin es also, die den Adolf ausschickt. Und der rennt los zum Austreiben, er weckt den andern nicht auf, er macht die Sache selber, so hat er es immer gehalten. Er war ein so folgsames Kind. Ein schöner und guter Junge! Und hilfsbereit. Du hast bloß etwas denken müssen, nicht sagen, nur denken, und schon ist er gelaufen. Weil er ohne Eltern war, hat er gemeint, er müßte immerzu jedem dienlich sein. Er müßte gehorchen. Und gescheit war er auch. Wir haben ihn so sehr geliebt!

Nun steh ich da, wo man die Kühe milcht, und wart und wart, daß einer das Vieh zutreibt, doch es geschieht nichts. Mit einmal kommt die Mutter mit ihrer Herde heran. Sie war auch Wächter, nicht weit von uns entfernt, sie konnte zu mir herübersehn. Ist am Ufer vorbeigekommen und hat dort die Kleiderchen vom Adolf gefunden, die Weste und den Sack, den er sich bei Regen immer übergenommen hat. Er aber ist nirgends zu sehen. Wo ist er? Hier nicht, da nicht. Jetzt treibt sie das Vieh heran und winkt mir. Ich schau auch rum. Wo bleibt das Kind? Wäre in zehn Tagen gerade 14 Jahre alt geworden, der Adolf.

Die Mutter winkt mir also und schreit: Die Kleiderchen liegen da, das Kind ist weg! Was ist mit ihm? Ich schrei und schrei, mein Bruder kommt heran, die Leute laufen zusammen. Es sind viele unter ihnen, die dem Adolf von Herzen gut sind, helfen mit zu suchen. Kommen noch mehr Leute hinzu, alles sucht und schreit. Ich laufe zum Ufer hinunter, wate ins Wasser hinein. Nichts! Wir gehen das Ufer ab, suchen bis spät in die Nacht hinein. Nun wird es ganz finster, ist nichts mehr mit dem Suchen. Ich kann vor Schreien schon nicht mehr reden, ich hab keine Stimme mehr. Und nun was? Sie wollen mich wegbringen. Ich aber wehr mich, will beim See bleiben, denn, so denk ich, er schwemmt auf und wird fortgetrieben, wenn ihm die Blase platzt. Ich sage, ich bleib hier. Aber die Leute lassen mich nicht. Bringen mich nach Hause. Am Morgen, es ist gerade ein bißchen hell geworden, lauf ich wieder los mit Adolfs Schwester, die die Mutter aufgezogen hat. Wir rennen das Ufer ab, ein langes Ufer, immer am Wasser entlang, finden nichts. So um 9 Uhr kommt der Pferdehüter daher, hat gehört, was geschehen ist. Dieser Mensch, ein Russe, hat den Jungen sehr gemocht, hat auch immer eine Hilfe an ihm gehabt. Er sagt, ich laß nicht ab, bis ich das Kind gefunden hab. Du aber geh und hol noch einen zur Hilfe.

Nun ja, unter den deutschen Leuten gab es auch manche, die nicht waren, wie sie hätten sein sollen. So auch der Nikolai. Ein starker junger Mann ist das gewesen, hat in der Schmiede gearbeitet. Ich lauf zu ihm hin und bitte ihn, komm mithelfen, Nikel, komm den Adolf suchen! Der Hetman (Hauptmann) will es so! Hab keine Zeit, sagt er, kann die Schmiede nicht allein lassen. Lauf also weiter, zu einem Russen, der willigt ein. Ich renn voraus, er hinter mir. Wie wir ankommen, haben sie den Jungen schon gefunden.

Am Ufer steht der Natschalnik, der Oberste aus unserem Kolchos. Zur Säe- und Erntezeit schicken sie immer die Obrigkeit aus, um die Leute anzutreiben, flinker zu arbeiten. Steht der also da und weist ins klare Wasser. Da unten ist das Kind. Der Pferdehirt, der gerade erst vom Militär gekommen ist, hat den Jungen zuerst gesehn, hat sich aber nicht in den Fluß getraut. Ich hab Angst, sagt er, der ist ja tot! Der Älteste brüllt ihn an: So ein Soldat bist du? Hast Angst vor einem toten Kind? Rein, schreit er, rein mit dir! Schwimmen konnte der Pferdehirt wohl, hat sich aber zur Sicherheit an ein Brett geklammert und ist damit in den Fluß gesprungen. Das Wasser ist hier nur leicht gegangen, so daß er den Jungen hat fassen und heraufholen können.

Dann haben sie ihn mir nach Hause gebracht. Sind

viele Leute zusammengekommen und haben geholfen, ihn zu beerdigen.

Es war mir sehr schwer. Hab mich schuldig gefühlt und viel geweint, war ganz durcheinander. Immer hab ich gemeint, das Kind sei bei mir, wollte nicht glauben, daß es nicht mehr lebt. Hab immer noch gemeint, ich müßt nur sagen: Adolf, lauf! Früher war er dann gleich auf den Beinen. Hab ich ihn morgens geweckt, Adolf, wir müssen auf! O ja, hat er gesagt, und schon war er fort beim Vieh oder dort, wo er helfen mußte.

Jetzt bin ich bei der Arbeit allein geblieben mit dem Bruder. Beim Kolchos haben sie ein Einsehen gehabt und mich des Nachts nicht mehr hinausgeschickt in dem Zustand, wie ich damals war. Hab also nur bei Tag mit der Herde gehen müssen. So haben wir mit dem Bruder gehütet bis in das späte Jahr hinein, bis in den Winter. Auf den Äckern, die sie angelegt hatten, die aber so voller Krettich waren, daß man das Getreide gar nicht erst abgemäht hatte. Über diese Felder mußte ich das Vieh gehen lassen, war schon Schnee, und wir mußten immer noch treiben.

Nun war es eines Tages schon so kalt, daß wir bei der Arbeit da draußen sehr gefroren haben. Die Kälber, die wir den ganzen Sommer apart gehalten hatten, die haben wir an jenem Tag dem großen Vieh beigetrieben. Die Kälberchen aber hatten Angst vor den großen Rindern, sind immer wieder ausgebrochen, haben sich von der Herde getrennt. Mein Bruder auf dem Pferd hatte große Mühe, sie zusammenzuhalten. Sagt er nach einer Zeit: Ich reit nach Hause, will mich ein wenig aufwärmen. Gut, sag ich, geh, ich werd schon aufpassen aufs Vieh.

Jetzt bleib ich allein zurück und plag mich schwer mit den Kälbern. Sie laufen immer wieder davon, und ich muß das große Vieh nachtreiben. Auf einmal schau ich – die Wölfe kommen! Aus dem Wald schleichen sie heran, sind gut auszunehmen auf dem weißen Schnee. Nun weiß ich nicht, waren die so klug, daß sie gemerkt haben: Der Reiter ist weg, da ist nur noch eine Frau zu Wege. Sie kommen immer näher, ich zähle sechzehn Stück, wenn ich mich nicht verfehlt hab. Jetzt sind sie schon ganz nahe heran, das große Vieh fängt an zu brüllen, stampft sich zu einem Kreis zusammen, mit den Hörnern nach außen. Die größeren Kälber, die ich schon im Sommer gehütet hab, sind so klug und rennen hinein in die Mitte. Da war ein Ochse dabei, ein großer, der hat ganz wild gebrüllt und geschlagen, ich aber war mit den kleinen Tieren abgesondert, die wollten nicht in den Kreis hinein aus Angst vor den starken Rindern. Und an diese machen sich die Wölfe nun heran. Sechs von ihnen. Immer an die Kleinen heran, kommen dabei auch immer näher zu mir. Jetzt greifen sie dicht bei mir an. Ich hab einen Stock in der Hand und fang an, auf sie einzuschlagen, und schrei und schrei! Schlag hart mit dem Stock zu, immer mit dem Stock! Die Wölfe lassen nicht ab, zeigen mir die Zähne, doch sie fallen mich nicht an. Und da zerbricht mir der Stock, zersplittert beim Schlagen nach solch einer Bestie. Doch der liebe Gott gibt mir Kraft. Ich reiß mir den Pelz vom Leib. War so ein alter Pelz auf mir, und mit dem hab ich nach den Wölfen geschmissen. So wie sie auf mich zufliegen, schmeiß ich nach ihnen, sie zeigen mir die Zähne, aber sie trauen sich nicht, zuzupacken. Ich schrei und schrei und schmeiß mit dem Pelz, bis mir der Odem ausgeht, und sie lassen wirklich ab von mir, einer nach dem andern. Muß von Gott gewesen sein die Rettung – ich sollte wohl doch noch nach Deutschland kommen. Jetzt muß ich weinen und lachen. Seht Ihr, wie ich mich heute freuen kann?

Sie laufen also auseinander, die Wölfe, zu den andern hin. Die haben inzwischen das große Vieh immer in der Runde umkreist und in die Steppe abgetrieben. Ich seh nach den Kälbern. Haben die Wölfe hinter meinem Rücken wirklich drei verrissen, die Euterchen zerfetzt, eines bis auf die Rippen verrissen, in die Därme rein – die hängen dem Tier heraus, es ist nicht zum Ansehn.

Was nun machen? Jenes große Vieh ist fort. Hier bin ich allein. Kein Mensch zu sehen. Bis zum Dorf sind's noch drei Kilometer. Jetzt bin ich gelaufen. Ich hab gewußt, in der Nähe dreschen sie auf dem Feld, Leute aus unserm Dorf. Vielleicht kommt mir einer zu Hilfe, hab ich gedacht. Was tu ich nur, wenn wir das ganze Vieh verlieren? Im Kolchos sind sie so streng mit den Deutschen. Sie schießen mich tot, wenn ich ohne das Vieh daherkomme. Jetzt was? Mein Bruder ist auch nicht da, verweilt sich im Dorf, und das ist ihm verboten.

Aber wieder war's Gottes Glück. Kommt eine Fuhre gefahren mit Getreide. Und darauf sitzen zwei Jungens, zwei Kirgisen. Ich schrei ihnen zu, ruf sie heran.

Sie bleiben mit ihrem Wagen auch richtig stehen, steigen aber nicht ab. Ich komm im Laufen an sie heran: So und so ist die Sache! Die Wölfe verreißen das Vieh, man muß sie zu Pferd vertreiben! Kommt mit den Pferden! Die beiden Kirgisen bleiben auf ihren Säcken sitzen: Wir haben Angst!

Ja, was nun? Ich ran an die Pferde. Reiß einem das Geschirr herunter. Wenn ich auch so klein war, wie Ihr mich hier seht, so war ich doch schicklich zu allem. Ein Gottesglück, daß er mich so geschaffen und mir daneben auch noch Mut gegeben hat!

Ich also rauf aufs Pferd, und dann losgeritten. Die sechs Wölfe, die mich angefallen haben, die kommen jetzt zurück, sie haben bemerkt, daß keiner mehr bei den kleinen Kälbern ist, jetzt wollen sie wieder ran. Weil es in jener Gegend so viele Wölfe gegeben hat, waren die Pferde schon sehr geübt mit ihnen. Deswegen hab ich das Pferd so geleitet, daß es die Wölfe sehen konnte, und da ist es so schnell gegangen, so losgerannt, daß mir das Tuch vom Kopf heruntergeflogen ist, den Pelz hatte ich ja schon verloren. Und jetzt hin zu den Kälbern und mitten unter die Wölfe! Hat das Pferd angefangen zu prusten und mit dem Kopf und den Füßen zu schlagen, und ich hab geschrien, wollte den Weg frei bekommen zu den Kälbern. Aber sie lassen mich nicht heran, die Wölfe, sie stellen sich dem Pferd entgegen, greifen es aber nicht an. Denn es war ein gelerntes Pferd, und was ein gelerntes Pferd ist, das versteht sich so geschickt zu kehren und zu wenden, daß die Wölfe es nicht beim Schwanz zu fassen kriegen. Wenn sie es beim Schwanz packen, dann ziehen sie so lange dran, bis das Pferd zur Erde fällt, auch wenn es sich noch so heftig wehrt. Und dann ist es aus, sie stürzen alle darüber her.

Nun hat sich einer der Kirgisen doch besonnen, hat sich aufs zweite Pferd gesetzt und ist näher gekommen. War aber ein ganzes Stück ab von mir. Ich brüll zu ihm hinüber, Mitja, komm doch herwärts, komm doch, dann laufen sie weg! Ich fürcht mich, schreit der Junge zurück, komm nicht bis dorthin. Bleib ich also allein zwischen den Wölfen und Kälbern und schrei und schrei, hab bereits keinen Odem mehr und schrei noch immer. Und das Pferd, das hat geprustet und geschlagen, hat die Wölfe nicht an die Kälber herangelassen.

Jetzt mit einem Mal seh ich, kommt einer geritten. Die Wölfe horchen, sie sehen es auch. Es ist der Brigadier vom Feld, der daherkommt. Jetzt drehen die Wölfe um und rennen in die Steppe ab.

Der Brigadier aber – es war der schlechte Mensch, der den Bruder mein überfahren hat – er fällt über mich her: Was ist hier los, hast du geschlafen? schreit er. Ach wo, sag ich, wo hat hier einer schlafen können! Da war kein Schlaf bei so viel Wölfen! Ich zittere am ganzen Körper, fang an zu weinen, kann nicht mehr an mir halten, war doch alles zuviel für mich gewesen!

Hab nicht einmal gemerkt, daß noch eine Fuhre herankam, Männer aus dem Dorf mit Flinten, und der Predsedatel, der Älteste, ist auch dabei. Der will jetzt ganz genau hören, was geschehen ist. Ich kann aber kaum etwas sagen, ich kann nur weinen. Es war mir so bitter, das Leben, ich hab an kein Kind mehr gedacht, an keine Mutter, nicht an den Mann, an nichts! Hab immer nur geweint. Ich wollte auch nicht mehr leben. Seht Ihr, jetzt hab ich die Kraft, das alles zu verzählen, das hab ich bis jetzt nicht gekonnt, weil ich dabei das Schreckliche immer wieder vor Augen hatte. Hab es lange Zeit immer vor mir gesehn.

Und wie sie da alle so stehen mit den Flinten, und wie für mich das Leben so bitter ist, sag ich: Schießt mich doch tot, ich will nicht mehr leben. Ich will nicht mehr leben, schießt mich tot! Aber der Predsedatel, der Älteste, sagt: Man tut doch so etwas nicht, man tut das nicht. Wo werden wir dich totschießen? Ich sag, schau doch nur, wie die kleinen Kälber verrissen sind, wie sie leiden. Schau doch die vielen Wunden! Sagt er: Sei ruhig, wir werden dich nach Hause bringen, zusammen mit den Kälbern. Und du wirst sie pflegen. Du wirst das können, du verstehst das, denn du hast auch die Pferde immer gut gepflegt, wenn sie krank waren. Wir werden dir doch nichts tun! Wir wissen ja, sagt er, das waren die reißenden Tiere. Es ist ja noch gut, daß sie dir nichts getan haben. Du kannst doch nichts dafür!

Das war ein gutes Wort vom Predsedatel und hat mich sehr gewundert. Denn wenn wir auch nichts dafür konnten, wenn das Vieh von den Wölfen gerissen wurde, so haben sie doch immer die Deutschen beschuldigt. Immer und immer waren nur die Deutschen schuld an allem Schlechten. Und mir hatten sie doch gedroht, wenn etwas kaputtgeht, muß ich es verantworten. Das haben sie mir angedroht. Für jedes Stück Vieh muß ich einstehen, haben sie mir gesagt. Und darum hab ich geschrien, ich kann nicht, ich kann nicht mehr weiterleben. Denn mein Herz, das war wie zersprungen, ich kann es gar nicht sagen, wie das war. War nicht mehr zum Leben!

Jetzt haben sie die toten und die verrissenen Kälber auf den Wagen geladen, und die Männer mit den Flinten wurden nach jenem Vieh geschickt, das die Wölfe abgetrieben hatten. Von diesen großen Rindern war nichts mehr zu sehen. Auch mein Bruder ist mit diesen Leuten mitgeritten, er war plötzlich wieder da, aber zum Glück hat keiner geschimpft, weil ich ihm erlaubt hatte, nach Hause zu gehn. Wenn sie mich nun auch wegen des Bruders beschimpft hätten, dann weiß ich nicht, was geschehen wäre. Aber Gott sei Dank, sie waren so gut und haben mich nicht weiter aufgeregt.

Der Älteste selber hat mir dann geholfen, die Kälber nach Hause treiben, in den Stall rein. Dann haben die Leute mit den Flinten auch das andere Vieh herangebracht, dem war nichts geschehen. Die Wölfe haben sich zwar immer um sie gedreht, haben ihnen aber nichts antun können.

In der Winterszeit wurde das Vieh dann nicht mehr hinausgetrieben. Es ist im Stall gestanden, ich hab es da besorgt, und so mußte ich nicht mehr hüten gehn. Bald nach diesem Unglück haben sie mir zum ersten Mal einen Lohn zugeteilt im Kollektiv. Und zwar 800 Liter Milch im Jahr, weil ich im Sommer Tag und Nacht hab schaffen müssen, das war doppeltes Tagwerk, und weil sie mit meiner Arbeit zufrieden waren. Ich hab es schon immer so gehalten: Wenn gearbeitet werden muß, dann soll auch gearbeitet werden. Daß man bei allem Elend nicht auch noch verspottet wird und sein Gesicht verliert, wie man so sagt.

Nun hat mein Vieh immer gut gemilcht, und das hat man mir gelohnt. Aber viel Nutzen und Freude hat mir dieser Lohn nicht gebracht, hätte nur dann etwas davon gehabt, wenn ich apart gewohnt hätte. Hier aber im Stall, wo wir unser Obdach hatten, sind ihrer so viele herumgegangen, haben alles an sich genommen, was ihnen unter die Finger kam. Wenn ich die Milch gedreht und Butter gemacht hab, war am nächsten Tag ein Teil schon weg. Und wo ich den Rücken kehrte, da haben sie mir die Milch aus der Kanne geleert.

Ich hab also im Stall gearbeitet, zuerst die Kälber gesund gepflegt, dann haben sie mir Pferde mit einer schlimmen Krankheit zur Pflege gebracht. Sie waren ganz schorfig, am Genick und überall. Hab diese kranken Pferde immer mit Kreolin und mit Marhanitz, mit Hypermangan, gewaschen.

So ist die Zeit vergangen, und nach und nach haben sie uns im Kolchos mit den übrigen Leuten – nun, nicht gleichgestellt, aber immerhin haben sie uns eine Brotration zugeteilt, haben uns endlich auch ein Stückchen Garten überlassen, so daß wir Kartoffeln und etwas Gemüse pflanzen konnten. Jetzt waren wir schon etwas aufgemuntert, nicht mehr gar so elend. Nur Kleidung haben wir noch nicht gehabt. Ich gedenk es noch, wie wir herumgelaufen sind – nur Fetzen am Leib, aber damals haben wir alle so ausgesehn, und besonders die deutschen Leute.

Dann hat Gott uns eine große Freude beschert. Ich habe meinen Mann wiedergefunden, von dem ich so viele Jahre nichts gewußt hatte. Kommt eines Tages eine deutsche Frau zu mir und sagt, in Tscheljabinsk sei einer seines Namens gesehen worden, in dem und dem Lager. Habe gleich dahingeschrieben. Und dann gewartet und gewartet, hab schon fast alle Hoffnung aufgegeben – dann aber ist die Antwort doch gekommen. Er lebt, er ist wirklich in Tscheljabinsk. Und wenn ich kann, soll ich kommen und ihn besuchen. Was für ein Gottesglück! Nun, aber wie? Ich darf doch nicht weg vom Kolchos. Und will ihn doch wiedersehn, er ist doch mein Mann!

Da hat mir wieder der Predsedatel geholfen. Das war ein guter Mensch, und ich werd es ihm nie vergessen, was er für mich getan hat. Zu jener Zeit ist vieles schiefgegangen im Kolchos. Es waren Maschinen gekommen, mit denen am Feld gearbeitet werden sollte. Aber Vorteil hatte man keinen davon. Sie gingen schnell kaputt, waren kaum zu gebrauchen. Konnten auch nicht repariert werden, denn für diese Traktoren oder Zugmaschinen waren die verschiedenen Ersatzteile nicht zu bekommen. Hat mich der Predsedatel rufen lassen, hat mir eine Fahrerlaubnis für Tscheljabinsk ausgestellt, das war so 350 Kilometer weit von uns, und hat mir aufgetragen, mich dort nach solchen Teilen umzusehn und sie, wenn möglich, herbeizuschaffen. Hat alles fein aufgeschrieben und mir erklärt, wie ich mich in der großen Stadt zurechtfinden sollte.

Und dann bin ich gefahren, hin zu ihm, zu meinem Mann, und ich hab ihn gefunden! Er war noch hinter Draht, aber sie haben uns zusammengelassen. Ich hab ihn gleich erkannt – er mich auch, obwohl wir beide so elend ausgesehn haben und beide nur in Fetzen gekleidet waren. Aber wir haben uns erkannt. Nun, das war was! Wie haben wir uns gefreut und geweint. Haben uns so viel zu verzählen gehabt nach so langer Zeit. Viel Gutes hatte keiner zu berichten, aber daß wir uns lebendig gegenüberstehen konnten, dafür mußten wir Gott danken, denn von allen Familien, die ich kannte, war ein solches Wiedersehn nur wenigen beschieden. So hab ich gehört, was er in der Zwischenzeit alles hat durchmachen müssen. Soll er es Euch nun selber sagen, er sitzt ja zum Glück hier neben mir.

Der Ehemann erzählt:

Nachdem man mich weggeholt hat von zu Hause, hat man mich zuerst nach Solikamsk gebracht. Zuerst in ein riesiges Lager, dort waren nur Verhaftete, viele tausend Menschen, darunter Sträflinge, die schon lange Jahre da verbracht hatten. Mich haben sie von da mit andern Deutschen weitergeschafft, haben mich ab in den Wald gefahren. Da haben sie uns abgeladen und im Schnee stehen lassen bis gegen Abend, dann erst haben sie uns in Baracken eingewiesen, hineingestopft wie das Vieh.

Es war aber in diesen Baracken alles kaputt, die Wände kaputt, das Dach kaputt, hat der Wind durchgeblasen, war alles offen, der Boden nackte Erde. Mußten uns später alles selber herrichten, die Wände, die Pritschen – aber immer nur zwischendurch, denn schon am nächsten Tag hat man uns in den Wald getrieben. Mußten Holz schlagen, Tannen, Fichten, Zedern, die Stämme schneiden und das Holz mit einer

Maschine fein zerkleinern, daß es aussah wie Watte. Dieses Faserzeug haben sie gebraucht, um daraus Pulver zu machen in dem Savod (Werk). Hab auch da in den Fabriken gearbeitet – sehr jämmerlich! Dabei sind die Menschen zugrunde gegangen wie die Fliegen. Rechnen Sie einmal: 12 000 Mann waren wir, als man uns hingebracht hat. Und übriggeblieben sind 5000. Die andern sind alle unter die Erde gekommen. Mindestens jeder zweite Mann. In jeder Nacht sind gleich zu Anfang schon an die 45 Mann gestorben. In jeder Nacht! Auch der Bruder meiner Frau ist da zugrunde gegangen. Es ist schauerlich gewesen. Denn diese Menschen sind verhungert. Die Arbeiter haben nichts anderes bekommen, als 300 bis 400 Gramm Brot und zweimal Wasser am Tag. Da hat der Mensch doch keine Kraft, kann doch nicht arbeiten. Hier aber mußte man ganz hart ran! Dabei sind die Leute einfach umgefallen. Es war schaurig, sehr schaurig.

Es kam der Sommer und der Herbst, und dann ist es wieder kalt geworden. Und in dieser Kälte mußten wir zur Bauarbeit. Sollten neue Savody gebaut werden. Wir wurden bestellt zum Graben, Erde ausnehmen für die Fundamente. War da aber keine Erde, sondern Sand, alles Sand. Und die Gruben mußten tief gegraben werden, mußten ausbetoniert werden, und das alles mit unsern bloßen Händen. War schon so kalt, daß der Beton nicht trocknen konnte, und weil es so eilig war, da haben sie ihn elektrisch getrocknet. Es sollten viele Fabriken und immer neue Fabriken gebaut werden.

Ich habe mit meinen fünf Brüdern in einer Gruppe

gearbeitet. Unser Vater war auch da, der aber – weil er so alt war – hat bei den Natschalniks schaffen dürfen, hat den Flur gewaschen und Holz getragen. Hat es nicht so schlecht gehabt wie wir, und durch ihn konnten wir uns manchmal etwas behelfen. Denn sein Vorgesetzter, ein Jude, ist ein guter Mensch gewesen. Hat gesehn, wie wir uns plagen. Im Winter – da war ein Frost von 50 Grad – hat er oft gesagt, Jungens, macht euch Feuer! Die Russen haben uns nämlich immer das Feuer ausgemacht, die Natschalniks, die Obersten. Aber der Jude hat sie ermahnt: Das sind Arbeiter, die müssen mit bloßen Händen arbeiten, mit Beton und mit Metall, es frieren ihnen die Hände ab – und dann? Sie müssen ihr Feuer haben, damit die Arbeit vorwärtsgeht. Nu, da haben die Russen auch Ruhe gegeben. Aber die armen Menschen, die nicht mehr arbeiten konnten, die haben sie mit Stöcken geschlagen und gestoßen, ei, daß das gar nicht zum Verzählen ist. Das ist nicht zum Verzählen, was sie damals mit den Leuten gemacht haben. Sie haben diese kraftlosen deutschen Menschen geschlagen wie das Vieh. Denn die meisten konnten ihre Prozente nicht mehr ausarbeiten – das ist der tägliche Plan –, sie waren ausgemergelt bis auf die Knochen. Wenn Sie sie gesehen hätten beim Waschen in der Banja (Waschraum), wie sie dagestanden sind – die Tränen mußten Ihnen laufen! Ausgemergelt bis aufs Skelett.

Eines Tages bringen sie uns nach Tschepaiusk. Dort hat es viele Rüstungsfabriken gegeben, solche für Munition, für Bomben und dergleichen. Man hat uns gesagt, diese Savody hätten die Deutschen gebaut schon im Ersten Weltkrieg. Im zweiundvierzigsten Jahr, im Monat März aber hat es da eine riesige Explosion gegeben, sind drei Fabriken in die Luft gegangen, und in der ganzen Umgebung hat es alles verrissen. Man sagt, daß das durch Sabotage geschehen ist. Wie wir nun hingebracht werden, sehen wir in der ganzen Gegend alle Fenster ohne Glasscheiben, alle nur mit Brettern zugeklopft, sehen gefallene und zersprungene Wände, überall Schutt und Asche. Die Leute aber, die vorher schon hier waren, die sagen, sie hätten geglaubt, das ist der Welt Ende. Und diese Explosion ist geschehen, gerade als die Menschen zur Arbeit gekommen sind, die andere Schicht aber noch da war. In diesem Moment hat es alles verrissen. Ist alles in die Höhe gegangen. Und dort, wo einmal die Fabriken gestanden sind, da hat sich ein See gebildet, ein Wasser, das so tief war, wie das ausgesprengte Erdreich. Bis zu 12 Meter Tiefe hat es die Fundamente verrissen und bis zu vier Kilometer weit weggeschleudert.

Und nun haben wir dort aufräumen müssen. Wurden schon vorher viele Verbrecher hingebracht, auch viele Zivilarbeiter, vor allem Schweißer. Mit denen zusammen haben wir dann eine grausige Arbeit machen müssen. Wie viele Menschen wir dort noch herausgegraben haben – o Gott! Da waren Leichen, Leichen! Und die meisten waren Frauen. Denn die Männer waren, als das passiert ist, schon alle im Krieg, so haben nur Frauen hier gearbeitet und sind dabei umgekommen.

Hier in Tschepaiusk bin ich ein Jahr und acht Monate geblieben. Und dann im fünfundvierzigsten Jahr,

Monat Oktober, kam es eines Tages so: Bis Mittag haben wir noch Eisen gefahren zur Baustelle – man hatte schon begonnen, neue Fabriken zu bauen –, da kommt plötzlich Prikas – das ist eine Anordnung: Nicht weitermachen, Schluß! Nicht mehr arbeiten. Also zurück ins Lager. Da haben wir uns 13 Monate herumgedreht, immer hinter Draht. Es hat nicht viel zu tun gegeben, aber auch nicht viel zu essen. Aber Essen brauchten wir doch, und dafür hätten wir gerne gearbeitet. Schließlich haben sie uns nach Kuibyschew gebracht und von dort nach Tscheljabinsk. Natürlich sind wir auch hier hinter Draht gesessen, aber sie haben uns verschiedenen Fabriken zugeteilt: Verdient euch das Essen! So sind wir jeden Morgen mit Passierschein zu unserem Arbeitsplatz gegangen und abends ins Lager zurückgekehrt. War ein kümmerliches Dasein, und so hab ich Tscheljabinsk in Erinnerung: Nur Hunger und Kälte und schwere Arbeit. Aber dort hab ich auch meine Frau wiedergefunden und dafür muß ich dankbar sein!«

Frau G. L. berichtet weiter:

Also dadurch, daß der Predsedatel mir die Fahrerlaubnis gegeben hat, um für den Kolchos einzukaufen, dadurch haben wir uns wiedersehen können – und nicht nur wir haben uns gefreut, auch alle, die um uns herum waren. Viele von den Mannsleuten im Lager konnten ja jetzt hoffen, daß auch ihre Frauen eines Tages kommen würden, das haben sie geglaubt und waren mit uns fröhlich.

So bin ich ein paar Tage dort geblieben, und wir konnten vieles besprechen. Dann bin ich in den Kolchos zurückgekehrt und hab dort noch gearbeitet bis zum Spätherbst. Zu jener Zeit hat man schon manchen Familien erlaubt zusammenzukommen, und so hat auch mein Mann eine Forderung rausgeschickt, daß wir zu ihm übersiedeln dürfen. Und das hat man mir und der Tochter erlaubt.

Nun hab ich zu der Zeit schon ein Stückchen Garten gehabt, hab darauf Kartoffeln und etwas Gemüse gepflanzt und eingebracht, hab auch schon drei Kilo Weizen auf den Tag bekommen – und Arbeitstage hab ich ja viele gehabt, also war es schon gut um uns bestellt. Aber alles das mußte ich nun zurücklassen, bin sozusagen mit nichts nach Tscheljabinsk gefahren. Was ich gehabt hab, ist alles dageblieben, sogar das Kuhchen, das ich mir bei den Leuten eingetauscht hatte. Ein schönes Kuhchen, hab es selber aufgezogen, hat schon etwas Milch gegeben, aber mitnehmen konnte ich es nicht. Mußte doch schnell zu meinem Mann!

Ja, da kommen wir nun nach Tscheljabinsk mit der Tochter, haben uns alles so schön ausgemalt, nun fahren wir zum Vater, jetzt wird alles gut! Aber wie ist das nun wirklich?

Wir kommen an und niemand ist da, der uns erwartet und aufnimmt. Wir stehen vor dem Lagertor, der Mann darf nicht heraus, muß bleiben, wo er ist, und ich, mit der kleinen Tochter an der Hand, steh auf der Straße. Was mußte ich bitten und flehen, bis man uns eingewiesen hat in eine Unterkunft. In einen Keller, ganz außerhalb der Stadt, einen Heizungskeller, in den die Arbeiter ihre Schuhe zum Trocknen hineingeschmissen haben. Da gab's keinen Platz zum Liegen, überall nur nasse Schuhe. Und eine Luft, die nicht zum Atmen war. Nun sind wir da und warten, daß man den Vater zu uns läßt, der aber ist nicht frei, kommt nur dann und wann zu uns und läuft gleich wieder zurück ins Lager. Ich selbst muß auch jede Woche zur Kommandantura, mich melden. Aber das ist nicht das Schlimmste! Viel schlimmer ist, daß wir kaum etwas zu essen bekommen. Was wir mitgebracht haben, ist schnell zu Ende, und jetzt beginnt der Hunger. Mein Mann bringt wohl heran, was er entbehren kann von dem, was er auf seine Karte kriegt. Setzt später auch durch, daß wir mit der Tochter zusammen 400 Gramm Brot auf den Tag bekommen, jeder 200 Gramm. Das war aber mehr zum Sterben als zum Leben.

Nach zwei Wochen weisen sie uns eine andere Wohnung zu. Eine alte Schmiede. Da sind die Wände ab, sind nur noch in einer Ecke mit Strauch ausgeflochten. Und ein Dach war auch drauf. Greif ich also wieder einmal zum Lehm und schmier diese Wände von beiden Seiten aus, leg von alten Brettern einen Fußboden und stell auch ein Öfchen auf. Die Arbeit aber war mir diesmal bitter, denn ich hab Gliederreißen bekommen, war auch schwach vor Hunger und konnte mich kaum aufrechthalten. Als alles fertig war, hab ich mich legen müssen, konnte mich vor Schmerzen nicht mehr rühren.

Zu jener Zeit hat mein Mann Erlaubnis bekommen, eine Fahrt zu machen und unsere Kuh zu holen. Bevor er sich auf den Weg macht, stellt sich heraus: Er hat die Karten verloren, bekommt keine Zuteilung mehr. Auf diese Karten hat er manchmal auch Öl bezogen und ein bißchen Fisch. Wir bleiben also ohne Versorgung zurück. Oh, wie haben wir gehungert, war uns der Leib schon ganz geschwollen vor Hunger. Die Tochter mein – sie war damals sieben Jahre alt – konnte mir nicht helfen, ich konnte nichts für sie tun, nicht arbeiten, nicht betteln gehn. Das Kind, sowie es die Augen aufkriegt: Mama, ich will essen! Und nichts ist da.

Nun waren in der Nähe deutsche Leute, und einer von ihnen hat in der Bäckerei gearbeitet, hat immer heimlich etwas Brot nach Hause gebracht, hat es verkauft. Aber teuer! Achtzig Rubel eine Semmel. Und wie das Kind nun einmal wieder vor Hunger weint, da sag ich: Wanja, weißt du was? Geh doch zum Onkel Sascha und bitt ihn um ein Stückchen Brot. Sag ihm, daß der Vater unsere Kuh nach Hause holt, und daß wir ihm zum Dank bald gerne etwas Milch abgeben wollen. Das Kind läuft los und kommt mit einem Brot zurück! Hat doch der Mann ihm wirklich ein ganzes Brot gegeben. Ach, ich hab vor Freude geweint. Wußt nicht, wie ich's ihm sagen sollte, wie gut er getan hat!

Gott sei Dank hat mein Mann dann endlich die Kuh gebracht. Hat auch bald darauf Erlaubnis bekommen, bei uns zu wohnen. Aber ich war krank. War so schlecht dran, daß man mich ins Krankenhaus bringen mußte.

Bin da gelegen mit vielen Menschen zusammen und hab große Schmerzen gelitten. Dazu die Sorge um das Kind zu Hause. Es war meistens allein, das Kind, denn mein Mann mußte bei Tag immer für zwölf Stunden ins Lager zurück, hat da als Schweißer gearbeitet. Durfte mich auch gar nicht besuchen. Es war eine schreckliche Zeit für mich.

Liege da also einen Monat, es wird nicht besser. Noch einen Monat und einen dritten – es wird immer schlechter. Die Beine, die Arme, das Kreuz! Der Arzt sagt, ich habe eine Knochenkrankheit. Und was wir dort gegessen haben – Brennesselsuppe. Ein paar Kartoffeln waren auch drin, dazu 50 Gramm Brot und kein Gramm Fett, nichts!

Nun merk ich, daß es mit mir zu Ende geht. Aber hier im Hospital will ich nicht sterben unter all diesen fremden Leuten. Ich sag, ich will nach Hause. Das überlebst du nicht, sagt der Arzt, will mich nicht gehen lassen. Später sagt er, ich müßte unterschreiben, daß es mein eigener Wunsch ist, das Hospital zu verlassen. Ich unterschreib also, und dann darf ich weg. Es hat aber keine Fuhre gegeben, und ich mußte zu Fuß gehen, so schwach wie ich war. Bin, wie man sagt, auf allen vieren gekrochen und war im ganzen fertig, als ich endlich zu Hause ankam. Der Mann, wie er mich sieht, ist ganz entsetzt und verschrocken. Ich war auch wirklich nicht mehr zum Wiedererkennen. Nun, der Doktor hat mir vorausgesagt: Du wirst zu Hause sterben! Ich aber hab mir gesagt, mein Arzt ist der liebe Gott. Hab mich ganz auf ihn verlassen. Wie er es nun will. Wenn ich sterb, so sterb ich bei meinem Kind und nicht unter den Fremden im Hospital. Du bist mein Arzt, hab ich gebetet, du bist alles! Und durch Gottes Gnade bin ich gesund geworden.

Das kam so: Im Lager hat mein Mann mit vielen deutschen Gefangenen zusammengearbeitet, und einer von ihnen – Kurt hat er geheißen – ist oft zu uns gekommen zu Besuch. Er war froh, wenn er bei uns einen dünnen Milchbrei bekommen hat, hat sich immer sehr dafür bedankt. Und ich habe Gott gedankt, daß überhaupt etwas da war, das wir ihm geben konnten. Hab mich gefreut darüber, und dieser Soldat war auch froh, daß er jemanden hatte, zu dem er gehen konnte. Denn im Lager waren sie immer noch in großer Not, haben Brennessel geklaubt, in den Kessel geschmissen und gekocht. Dort im Wald, wo sie arbeiten mußten, haben sie sich die Brennessel abgebrüht und gegessen. Es ist jämmerlich zu sagen, was die Gefangenen gelitten haben.

Nun hat mir unser Freund Kurt, der deutsche Soldat, einen Rat gegeben: Ich soll Fischfett trinken, hat er gesagt, mit Brot oder mit Kartoffeln, wenn ich welche hab, auf alle Fälle aber Fischfett. Das haben wir uns dann verschafft, und ich hab davon getrunken. Und wirklich, langsam bin ich wieder zu Kräften gekommen, die Schmerzen haben nachgelassen, und das alles war Gottes Fügung. Als der Soldat dann eines Tages nach Hause fahren durfte, nach Deutschland, und zum Abschiednehmen zu uns kam, da war ich schon wieder auf den Beinen und konnte meiner Arbeit nachgehn. Obwohl der Abschied schwer war, ist es für uns doch ein großer Freudentag gewesen.

Solange ich nur im Haus gewirtschaftet hab, konnte ich mich ganz gut rühren, wenn sie mich aber hinausschickten zur Arbeit, dann waren die Schmerzen im

Kreuz gleich wieder da. Nichts tun aber, das durfte man nicht, mußte jeder zur Arbeit, das war ein Gesetz. Hab immer wieder versucht, zu arbeiten, wollte es wohl, hatten doch auch den Lohn so sehr nötig, aber es ging nicht. Der Arzt mußte mich immer wieder freischreiben, und wir blieben nur mit dem, was mein Mann heranschaffen konnte. Er war inzwischen auch aus dem Lager entlassen worden; in welchem Jahr das war, kann ich nicht genau sagen. Aber im sechsundfünfzigsten Jahr sind wir alle frei geworden von der Kommandantura, brauchten nicht mehr hinzugehen und uns melden. Dabei mußten wir ein Papier unterschreiben, daß uns verboten ist, dorthin zurückzukehren, wo wir früher zu Hause waren. Und sollte dieses gelten für 20 Jahre.

So ist es weitergegangen bis zum siebenundfünfzigsten Jahr. Die Tochter mein ist herangewachsen, zur Schule gegangen und hat sich brav gehalten, das Kind! Haben wenigstens mit ihr keinen Kummer gehabt. Aber andere Sorgen noch und noch!

Sowie mein Mann wieder bei uns wohnen durfte, hat er die alte Schmiede gut hergerichtet für uns, hat immer was dran getätigt und zugerichtet. Und als alles schön fertig war, da haben sie uns aus der Schmiede herausgetan, denn dort sollte ein Bauplatz werden für eine Fabrik. Haben uns aber keine andere Bleibe gegeben, sondern nur ein Stück Boden zugewiesen: Baut euch da selber was zum Wohnen. So haben wir schnell nach alten Brettern gesucht, haben daraus doppelte Wände gezogen und Sägspäne dazwischen eingeschüttet, haben die Wände bis unters Dach ausgeschmiert, und sind dann in dieses Häuschen eingekrochen. Wollten es später noch besser ausfertigen. Aber dazu ist es nicht mehr gekommen.

Denn wieder hat man uns aufgekündigt, die Bude, so hat's geheißen, soll abgetragen, auch dieses Grundstück zum Bauplatz genommen werden. So mußten wir also wieder weg.

Jetzt aber war für uns kein Bleiben mehr in Tscheljabinsk. Zum Glück sind wir damals schon in Verbindung gewesen mit den Brüdern, den meinen. Sie waren mit der Mutter – sie ist im vierundsechzigsten Jahr gestorben – nach Alma Ata gezogen, haben uns geschrieben und geraten, zu ihnen zu kommen. Das war nun ein Ausweg für uns. Haben schnell unser Kuhchen verkauft, um Geld zu haben für den Weg, haben alles andere stehen- und liegenlassen und sind nach Alma Ata gefahren, nach Mittelasien in die Nähe der Chinesen.

Für mich war diese weite Reise und alle Vorbereitungen dazu so anstrengend, daß ich als kranker Mensch in Alma Ata ankam, zu keiner Arbeit zu gebrauchen. Konnte die Füße nicht mehr heben, und auch das Kreuz hat wieder arg geschmerzt. Für meine Leute konnte ich nichts mehr tun, und es war nur gut, daß die Brüder und anfangs auch die Mutter sich unserer annahmen und in dieser unbekannten Fremde für uns sorgten. Sie haben uns in ihrem Dorf ein Zimmer beschafft, mein Mann konnte im Kolchos bei den Maschinen Arbeit finden, und auch mich wollten die von der Obrigkeit gleich aufs Feld schicken. Hab es auch versucht da draußen, mußte mich aber gleich hinsetzen vor Schwäche.

Jetzt schicken sie mich zum Arzt, zum Röntgen, wollen wissen, was mich im Kreuz so schmerzt, und auch, warum ich so abgenommen hab. Am Kreuz war ich voller Wunden, ist alles schon schwarz gewesen. Die Ärzte sehen sich das an und erkennen: das ist Krebs. Sie sagen es nicht gleich offen heraus, sie sagen es nur so nach und nach, bis ich's verstanden hab. Und nach Hause durfte ich auch nicht mehr, wurde gleich im Hospital behalten. Und da hat man mir Ukol gegeben, hier sagt man dazu Spritzen. An die dreißig Spritzen hab ich mit der Zeit bekommen und immer mehr gespürt, wie mir das Herz dabei kaputtging. Es war so giftig, was sie mir mit dem Ukol eingegeben haben, daß es mir sehr aufs Herz gedrückt hat. Bin schon dagelegen – sterb ich schon? Sie sitzen um mich herum, der Mann, das Kind, sie weinen. Ich muß also sterben! Aber da war wieder Gottes Gnade. Am nächsten Tag bin ich immer noch lebend, hab noch so viel Verstand, den Arzt zu fragen: Könnt ihr mich ausheilen mit diesen Spritzen oder nicht? Sagt er, ausheilen kann man diese Krankheit nicht, die Spritzen geben wir dir nur, damit es dir leichter wird. Dann, sag ich, will ich sie auch nicht mehr annehmen! Sagt er: Nun, dann wirst du sterben! Sag ich: So möchte ich sterben, aber diese Wehen will ich nicht mehr ertragen. Und dann laß ich mich von meinem Mann nach Hause bringen.

Jetzt, so bete ich zum lieben Gott, bist du wieder an der Reihe als mein Arzt. Ich habe keinen anderen mehr und bin ganz in deiner Hand.

Es vergeht ein Tag und wieder ein Tag. Ich bin immer noch lebend. Und wie ich so lieg auf meinem Bett und ans Sterben denk, da ist mir, als ob jemand sagt, ich soll mir die Sonne auf den Rücken scheinen lassen. Und gleich hab ich die Gewißheit gehabt: Die Sonne wird dich heilen! Hab mich hinaustragen lassen vor die Hütte, hab mir den Rücken entblößt und die Sonne aufs Kreuz scheinen lassen. Hab dabei den Kopf im Schatten gehabt, sonst wäre es nicht zum Aushalten gewesen in der glühenden Hitze.

Und die Sonne – sie scheint dort viel stärker als hier – sie hat mir wirklich geholfen. Schon nach kurzer Zeit staunen alle Leute, kommen dahergelaufen und sehen, was aus mir geworden ist, ohne Arzt und nur durch Gottes Gnade. Die Wunden auf meinem Rücken sind zugeheilt, die Schmerzen haben nachgelassen und sogar mein Herz hat die Arbeit wieder aufgenommen, so daß die Leute haben fragen müssen: Ja was ist denn das? Nun, sag ich, nichts anders als Gottes Hilfe! Das ist gewesen im zweiundsechzigsten Jahr.

Jetzt, wo ich wieder auf den Beinen war, konnten wir auch weiterplanen. Weil mein Mann eine schlechte Arbeit im Dorf hatte, sind wir in die Stadt gegangen, nach Alma Ata. Dort hat mein Mann Arbeit gefunden, nicht weit vom Aeroport, und sein Betrieb hat ihm Erlaubnis gegeben zu bauen. Man hat ihm auch billiges Holz gestellt und anderes Material. Wir haben also mit aller Kraft wieder etwas aufgebaut. Mein Mann in seiner Freizeit und ich tagsüber, wenn er im Betrieb war. Hab wieder mit Lehm geschmiert und geweißelt, ja, Ihr wißt nun auch schon, wie man das macht. Und am Ende stand das Häuschen da, und es ist wieder fröhlich bei uns zugegangen. Denn auch mein Mann hat besser verdient, und zu essen gab es nun auch schon reichlicher, wir mußten nicht mehr hungern. Aber wir waren tief in den Schulden drin, ich mußte mich nach einer Arbeit umsehn, zum Verdienst etwas beitragen, sonst wären wir nicht rausgekommen aus den Schulden.

Auf meine Bitten haben sie mich eingestellt beim Aerodrom, bei den Fliegern. Mußte dort die Motoren der Flugzeuge waschen. Bis zu 30 Kilogramm schwere Stücke mußte ich heben ins Benzin hinein und sie säubern. Alles Eisenteile. Solange ich konnte, hab ich da gewaschen und auch ein schönes Geld dafür bekommen. War glücklich, daß ich diese Arbeit tun konnte, und mein Mann hat sich auch gefreut, denn wir konnten so langsam schuldenfrei werden. Dann aber hat mein Herz nicht mehr durchgehalten, war eben doch schon zu schwach. Immer schwerer ist mir die Arbeit gefallen, und zum Schluß konnte ich nicht weitermachen. Mußte die Arbeit aufgeben und bin wieder den Ärzten in die Hände gefallen. Die haben sich früher schon immer gewundert über mich, haben sich sehr um mich gekümmert und mich mit meinem Rücken herumgezeigt. Auch die Leute im Dorf haben immer gestaunt, wenn ich mit meinem Mann aus der Stadt dahergekommen bin auf einem alten Motorrad, das er sich hat kaufen können. Sie wollten es nicht glauben: Die lebt noch immer? Sie geht auch noch zur Arbeit? Nun, Ihr seht, wie klein und gering ich bin – da war schon zu fragen, woher ich die Kraft hatte, immer wieder auf die Beine zu kommen.

Aber mit diesem Benzin zu arbeiten, das war mir

nun doch nicht mehr möglich. Deshalb haben mich die Ärzte freigeschrieben und mir den Rat gegeben: Weg von Alma Ata. Es liegt so hoch in den Bergen, und das ist nicht gut fürs Herz. Ihr müßt in eine Gegend, wo es Wald gibt. So sind wir also wieder auf Wanderschaft gegangen.

Nun muß ich erzählen, daß unsere Wanja inzwischen einen guten Mann gefunden und ihn geheiratet hat. Mein Schwiegersohn aber hatte einen Bruder in Lettland, und immer wieder hat der geschrieben, wir sollten doch alle ihm nachkommen, wir könnten es dort besser haben. Da sind wir nun zuerst zu Besuch dahin gefahren und haben alles so gefunden, wie dieser Mann es uns geschildert hat. Es hat uns gefallen. Sind wir also wieder nach Hause, haben alles verkauft und sind nach Lettland gezogen. Gott sei Dank! Denn hier hab ich wieder Luft bekommen, mein Herz hat sich wieder gekräftigt. Zum Wohnen und auch zum Arbeiten hat sich schnell etwas gefunden.

Dort hat sich für uns auch die große Hoffnung aufgetan, nach Deutschland zu fahren. Der Schwiegersohn hatte schon seine Verwandtschaft in Deutschland, hat einen Wysow, eine Einladung, bekommen, und bald schon ist er mit Frau und Kind davongefahren. Hat dann gewirkt, daß wir nachkommen konnten. Ich kann es bis heute nicht verstehen, daß gerade wir losgekommen sind, wo es andern Menschen doch so schwer gemacht wird mit der Ausreise. Wir aber mußten nur einmal unsere Papiere vorlegen und schon durften wir weg. Sind mit dem Flugzeug nach Moskau, von Moskau nach Brest und von dort mit dem Zug durch Polen und durch Berlin nach Deutschland!

Im sechsundsiebzigsten Jahr, am 19. Mai, sind wir in Friedland angekommen. Dort sind wir drei Tage geblieben. Und haben so gute Leute angetroffen, so viel Liebe und Freundlichkeit, daß wir es kaum fassen konnten. Ich kann es gar nicht erzählen, wie unsere Herzen das Glück ertragen haben. Wie froh wir waren, daß uns diese Gnade geschenkt war: in Deutschland zu sein und so gute Menschen anzutreffen.

Man hat uns in Friedland ein schönes Zimmer zugewiesen zum Ruhen. Da haben wir uns eingeschlossen mit meinem Mann und haben vor Freude geweint und haben Gott gedankt, daß er uns von soviel Leiden erlöst hat.

Bericht des Spätaussiedlers W. G., geb. 1923

Ich stamme aus dem Odessa-Gebiet – Neufreudental. Da hat mich meine Mutter geboren und ist bald darauf gestorben. Ich war fünf Monate alt, und da stirbt sie weg!

Waren aber noch zwei Tanten in der Nähe. Die eine hat mich, wie man so sagt, an ihre Brust genommen und aufgezogen. Wie ich dann größer war, da hat mein Vater wieder geheiratet, hat eine Stiefmutter ins Haus gebracht. Diese Frau war auch nicht lange bei uns. Ein paar Jahre später ist sie mit einem andern – einem Tatter (von Tatar) – auf und davon gegangen.

Vorher aber – es war im achtundzwanzigsten oder neunundzwanzigsten Jahr – haben sie uns raskulatschiert. Was das heißt – ja, das kann man auf deutsch gar nicht sagen. Nun, es kommen die Bolschewiken daher und nehmen dir einfach alles weg. Alles, was du dir erarbeitet hast, und alles, was deine Vorväter in ihrem Leben erarbeitet haben.

Mein Vater und mein Großvater, die haben auf einem schönen Hof zusammen gewohnt. Den haben sie uns abgenommen mit allem, was da war. Das Wohnhaus, die Ställe, das Vieh, die Scheune voller Futter, Weizen und Körner, die Geräte und Maschinen – alles haben sie genommen. Haben da später ihren Kolchos untergebracht.

Es ist ein schönes Haus gewesen, ein großer Hof!

Ich weiß es noch und war doch damals nur ein kleiner Bursche. Ich weiß auch noch, wie sie den Großvater und die Großmutter hinausgeführt haben, ich hab das mit angesehn und gedenk es mir noch ganz genau. Sagte der Großvater zu mir: »Kind, wir werden uns nie wiedersehn!« Und so war es auch.

Bringen Sie die Großeltern nach Archangelsk, fahren sie mit Pferdewagen übers Eis. Das bricht ein. Gehen alle unter, Großvater und Großmutter, zusammen mit Pferd und Wagen. Später kriegen wir Nachricht, daß sie mit vielen andern Leuten aus unsern Dörfern unter das Eis gekommen sind. Alle sind die versunken. Der ganze Transport.

Den Vater, die Stiefmutter und mich haben sie fortgejagt aus unserem Haus. Gehen wir also weg in ein Nachbardorf. Dort hat mein Vater noch etwas eingebracht, hat gekauft und verkauft, hin und her. Schließlich war da wieder etwas Geld. Hat der Vater noch einmal ein Häuschen hingestellt, zwei Kühe gekauft. Das war in Hoffnungstal, so um das zweiunddreißigste Jahr. Da kommen sie wieder mit ihren Kommunen an. Kommen die Bolschewiken daher und nehmen uns zum zweiten Mal alles weg, den Hausrat weg, die Kühe weg – und mir, dem kleinen Jungen, schütteln sie sogar den Kittel ab. Steh ich da im bloßen Hemdchen und frier wie ein junger Hund. Ich gedenk es mir noch ganz genau!

So haben wir uns also wieder auf den Weg gemacht – nach Hause. Aus unserm Dorf hatten sie zusammen mit den Großeltern viele andere Leute weggebracht nach Archangelsk, standen viele Häuser leer. Und in eines hat man uns hineingelassen – für kurze Zeit. Da hat der Vater wieder etwas auf die Beine gestellt, Weizen und Körner gekauft.

Zu jener Zeit aber hat sich die Stiefmutter mit einem Tatter bekanntgemacht, einem Mechaniker – sie war, scheint's, mit ihm schon früher zusammen – und mit diesem Menschen und ihrer Schwester gehen sie daher und schleppen heimlich unsern Vorrat weg, den Weizen und die Körner.

Mein Vater steigt auf den Boden hoch und sieht, es ist nichts mehr da. Kommt herunter, kann nicht mehr an sich halten und geht mit der Peitsche los. Da läuft sie weg von uns, die Stiefmutter mit ihrem Anhang, läßt nur ihr Töchterchen zurück. Diese Schwester war damals ein kleiner Springer, so ungefähr drei Jahre alt. Hatten nichts für das Kind, nur eine blaue Decke von kratzigem Flachs. Ich gedenk mir's noch genau! Sind wir also, zwei Kinder, mit dem Vater zurückgeblieben. Zu essen war nichts mehr da. Sagt der Papa: »Komm, wir ziehen weiter, an einen andern Ort.«

Sind wir in ein Russendorf gegangen. Da aber wird er in die Stadt gerufen zur Miliz. Bevor er geht, sagt er zu mir: »Kind, schau der Kleinen nach, daß sie nicht verhungert. Und wenn du was kriegst, heb auch mir etwas auf, vielleicht komm ich wieder zurück.«

Da nehm ich mein Schwesterchen auf den Buckel, wie man so sagt, häng mir eine Tasche an den Hals und lauf von einem Dorf zum andern, bettel um Essen: Sollen sie uns etwas geben, nicht für mich, wenigstens für das Kind. Damals aber war eine große Hungersnot im Land, und die Leute haben selbst nichts zu beißen gehabt. Ja, da komm also auch ich noch daher, streck die Hand aus wie ein Zigeuner. Aber meistens haben sie uns davongejagt, und oft bin ich gelaufen – nur um mein Leben. War immer in Furcht, denn damals haben die Leute angefangen, einander selber aufzufressen. Und das ist wahr!

Oft haben wir uns in Strohschobern versteckt, Löcher rausgemacht und sind da hineingeschlüpft, haben uns verkrochen, daß uns keiner findet. So hab ich mit der Kleinen viele Nächte draußen am Feld geschlafen. Nach einiger Zeit sind wir nach Hause gelaufen und haben da zum Glück den Vater vorgefunden.

Es vergehen einige Tage. Jetzt ist der Papa unterwegs, um Essen aufzutreiben. Ich lieg mit dem Schwesterchen nachts im Stroh, wir schlafen. Und da kommen sie heimlich, die Anna – das war die Stiefmutter – und ihr Tatter, sie kommen und stehlen mir das Schwesterchen weg. Ich wach auf und seh sie wegrennen mit dem schreienden Kind. Auch ich schrei los, denn ich denk mir gleich: sie wollen die Kleine schlachten. Waren ja damals immer Menschenfresser unterwegs. Die drei verschwinden im Dunkel draußen. Ich aber traue mich nicht, hinter ihnen herzulaufen. Von dem Schwesterchen haben wir nachher nie wieder etwas gehört.

Ich hab es schon gesagt: Menschenfresserei, die hat es damals wirklich gegeben. Die Not war groß, die Menschen elend und vor Hunger ganz irre. Haben doch die Bolschewiken alles, was eßbar war, weggeschleppt. Sind die Predsedatel von Haus zu Haus gegangen, haben die letzte Kartoffel aus den Kellern geholt, die letzte faule Kartoffel! Und alles andere auch raus. Nicht nur bei uns, auch in den russischen Dörfern.

Du ziehst ein in ein Russendorf, willst betteln, kommst rein in ein Haus, ist aber keiner da – nur Tote! Sie liegen einfach da, ist niemand, der sie in die Erde schafft. Kommst ins nächste Haus – alles ausgestorben. Selten triffst du einen lebendigen Menschen. Wo aber einer vor Hunger umfällt, gleich sind sie da wie die Wölfe und schneiden ein Stück aus ihm raus. Sie schneiden einfach ein Stück weg und kochen sich ein Essen. Das hab ich selber gesehn. Das war im dreiunddreißigsten Jahr. Sechzehn Jahre nach der großen Revolution. So etwas vergißt man nicht!

Ja, der Hunger macht alles möglich. Auch bei den Frauen und Müttern. Manche haben ihre eigenen Kinder geschlachtet, haben sie ins Faß reingelegt, eingesalzen. Das können euch auch andere berichten. Auch meine Frau kann euch sagen, wie es damals war. In ihrem Dorf ist es nicht anders gewesen. Bei einer solchen Hungersnot, da schaut man nicht drauf. Zuerst ißt man Katzen, Hunde und Ratten und alles, was man erwischt. Dann ißt man auch das andere. Ja, was meint ihr! Das Leben muß man retten, und jeder tut's auf seine Weise.

Die einen haben damals die anderen aufgefressen, wie man so sagt. Wer am schwächsten war, der mußte nachts daran glauben. Dieses Fleisch hat man gegessen – etwas Salz drauf, und wo kein Salz war, da hat man Asche draufgeschüttet oder Sand und hat es hinuntergeschafft. Der Mensch muß leben, nicht? So denken manche Leute. Aber ich hab gesagt: Lieber sterb ich, aber Menschenfleisch, das eß ich nicht. Wie hab ich gehungert! Wie war mir schlecht! Aber das hab ich nicht gemacht. Nie und nimmer!

Ja, und da geht mein Papa nach Hoffnungstal, kommt nicht zurück. Bin allein und wart' und wart'. Einmal in der Nacht wach ich auf, kriecht einer zum Fenster rein mit einem Messer. Ich seh, der will mich schlachten, und hau ab. Spring zur Tür hinaus, spring durch den Burian (Steppengras) und verkriech mich. Dann schleich ich weg, auf den Weg nach Hoffnungstal. So acht Kilometer ist es bis dahin. Wie bin ich gesprungen! Ich, ein kleines Kind, nachts auf der Landstraße. Fährt einer mit dem Wagen an mir vorbei, sieht mich rennen. Schreit zurück: »Kind, Kind, wo springst du hin?« Sag ich: »Kommt einer mir nach, will mich fressen!« Der im Wagen hält an, sagt, er hätt's gesehn so im Vorbeifahren, wie einer in unser Haus hineinkriecht. »Kind, Kind«, sagt er, »dein Glück, daß du fort bist. Setz dich nur, ich bring dich weiter.« Hab mich aber nicht auf den Wagen zu dem fremden Mann getraut. »Nein, Onkel«, sag ich, »ich lauf hinten nach!«

Renne also auf bloßen Füßen nach Hoffnungstal, frag nach dem Vater. Er ist nicht da. Am nächsten Tag aber steht er vor mir. Ist ganz verändert, schmeißt mich zu Boden. Was er vorgehabt hat, ich kann's nicht sagen. Er war auch schon schwer dran. Nun ja, ich hab mich losgerissen, hab gebrüllt. Lauf weg zum Onkel, sag ihm: »Onkel, so und so.« Kommt mein Vater rein, hinter mir her. Der Onkel beginnt ihn zu schlagen, sagt: »Wenn du dem Kind was antust, reiß ich dich auseinander!«

Gut. Der Papa geht los nach Kosariwka, nimmt mich

mit. Da leben noch etliche Verwandte, sind einige dabei, die wollen, daß ich bleibe. Haben aber viele Kinder und selber nichts zu essen. Warum also soll ich dort bleiben? Ich habe Furcht, wie man sagt. Ich hab immer Furcht gehabt, man tät auch mich auffressen. Da bin ich also schnell wieder weg. Zu einer andern Tage ins Nachbardorf. Die kommt gerade vom Feld nach Hause, bringt eine Schürze voll von Burian mit. Sagt zu mir, ich soll den Samen ausreiben. Diesen Burian schleppen die Mäuse zusammen, machen Häufchen auf dem Acker und decken sie zu. Das sind Mäusehaufen, wie man sagt; nach denen hat man damals überall gesucht. Nu, da läuft auch die Tante rum mit dem Onkel, sie suchen nach Haufen, decken sie auf und nehmen den Burian mit. Dann reiben sie den Samen raus und kochen ihn. Zum Glück war da noch eine alte Kuh. Die haben sie besorgt wie ihre eigenen Augen, damit sie nicht auch noch umsteht oder gar gestohlen wird.

Hier bin ich eine Woche geblieben, hab Suppe von Burian und ein bißchen Milch bekommen und mich ein wenig erholt.

Dann bringt mich mein Vater wieder weg nach Neufreudental, wo ich geboren bin. Dort fragen wir nach seiner Schwester, finden sie auch wirklich, aber bleiben können wir auch hier nicht. Die Tante hat eine große Familie, und alle hungern. Wir gehen raus, und der Papa weint. Sagt er: »Komm, Kind, wir machen weiter, vielleicht finden wir etwas. Suchen wir uns Arbeit.«

Gehen wir nach Emtesschewtschenko – nichts! Gehen wir nach Naigewa – nichts! Kommen durch viele

Russendörfer – nichts! Dann nach Krasnaja Agranum. Hier aber war ein Jude, Kronstein mit Namen, der war Direktor über eine Farm. Dieser Mann hat uns angenommen, hat den Vater zu den Kühen und mich zu den Schweinen in den Stall geschickt, da haben wir Arbeit gehabt.

Hat sich ganz gut angelassen für den Papa und für mich – hatten wieder etwas zum Beißen. Besonders im Frühjahr. Da haben sie begonnen, Kartoffeln zu stecken und haben den Vater auch aufs Feld geschickt als Wächter. Da konnte er schon immer etwas für uns beiseite schaffen. War aber noch nicht lange dabei, da wird er krank, kriegt Dysenterie (Ruhr) und kommt zu liegen.

Ich lauf immer zu ihm, von der Arbeit weg, wenn mich niemand sieht, bring ihm etwas zu essen, seh nach ihm. Der Papa ist im Stroh gelegen, war alles blutig, seine Füße dick geschwollen, der Leib geschwollen. Das steht mir noch Tag und Nacht vor Augen. Da hab ich gebeten, man soll ihm doch helfen. Und sie erlauben wirklich, ihn zum Hospital zu bringen. Hab ihn langsam hochgezogen und ihn Schritt für Schritt zum Wagen hingeführt, hab Stroh gebracht und ihm untergelegt. Sind dann den weiten Weg zum Hospital gefahren. Zwei Wochen später komm ich hin, will nach ihm sehen, da sagt die Schwester: »Der Vater ist gestorben.« Steh ich also da und bleib gottsallein.

Da war ich zehn Jahre alt. Mußte aber mein Brot verdienen. Am Leben bleiben. Hab ja auch fleißig gearbeitet, hab Schweine gehütet, Schafe gehütet, junge

Pferde und Kühe, grad wie es sich getroffen hat. Zur Winterszeit und Sommerszeit.

Abends komm ich heim in den Stall und leg mich in die Krippe, aus der die Pferde fressen. Wühl mich hinein ins Heu, über mir die dicken Köpfe der Tiere, sie schnauben und blasen mich an, ihr Atem ist warm, und das freut mich. So schlaf ich, und dann kommen die Rattmäuse an. Zum ersten Mal – was war ich da erschrocken! Ich gedenk mir's noch genau: Es zupft etwas an meinem Kittel, ich wach auf, jetzt läuft es mir übers Gesicht und beißt zu. Ich spring aus meinem Heu und brüll los. Oh, wie hab ich gekrischen nach meiner Mutter, aber es war niemand da, nur die Pferde. Da stell ich mich oben hin auf die Krippe und fang an, mit den Rattmäusen zu reden. »Was wollt ihr von mir«, hab ich gesagt, »ich hab ja selber nichts. Nur dieses Stück Brot in der Tasche, das ist fürs Frühstück. Aber ich will es gerne mit euch teilen.« So red ich mit den Rattmäusen, hol das Brot hervor, zerkrümel es und schmeiß es ihnen hin. Jetzt wimmeln sie heran von allen Seiten und stürzen sich drauf. Sag ich: »Geht in Gottes Namen und kommt nicht wieder. Laßt mich in Ruh, denn ich hab selber Hunger wie ihr!«

Niemand will's mir glauben, aber von da an sind sie nicht mehr über mich gekommen. Und das ist wahr! Sie sind jede Nacht im Stall herumgesprungen, haben gepfiffen und gelärmt, daß sogar die Pferde an den Ketten gezerrt haben, aber keine ist zu mir in die Krippe rein. Keine hat mir die Wolle aus der Joppe gezupft oder meine Schuhe angefressen. Aber wenn ich irgendwo ein paar Maiskörner, eine Sonnenblume oder sondergleichen gefunden hab, dann hab ich's ihnen mitgebracht und hingeworfen. Hab sie gerufen, und sie haben meine Stimme gekannt und sind gekommen. Dann hab ich mich ins Stroh oder ins Heu gelegt und ganz gut geschlafen.

Ein anderer Platz hat sich für mich nicht gefunden. Wo sollte ich auch hin? Keiner braucht mich, keiner läßt mich an sich heran, denn ich bin lausig von Kopf bis Fuß. Unter dem Haar ist alles aufgeblasen, der Leib voller Wunden – überall! Am Hals drum herum, am Bauch drum herum. Die Haut von Läusen aufgefressen.

Endlich hat sich dann doch eine Frau gefunden, die mir geholfen hat. »Mensch, Mensch«, sagte sie zu ihrem Mann, »war doch ein so schönes Kind, der Waldemar, jetzt muß es zugrunde gehn«, sagt sie. »Johann, komm, wir müssen etwas tun für dieses Kind!«

Nimmt sie mich, brüht mich ab, schert mich ab – ich war aufgetrieben, oi je! Am heutigen Tag ist mir der Hals noch schwer und der Kopf – so als ob eine Kappe draufsitzt. Nimmt eine Nadel und fängt an, die Läuse aus der Haut zu bohren, soviel sie kann. Dann Gas rein – und schon fangen sie an, herauszukriechen, eine nach der andern. Nu, die Frau hat mich dann schön gebadet, hat mich wieder hergerichtet, hat mir die Klamotten gewaschen und zusammengeflickt, hat mich also wieder zurechtgestupft, wie man so sagt.

Jetzt aber kommt man mir mit der Schule. Findet sich ein Lehrer ein, klaubt die Kinder zusammen. Da geh ich nun zum ersten Mal in die Schule. War schon im elften Jahr und konnte weder lesen noch schreiben.

Oh, diese Plage mit dem Lernen! Mußte im Winter bei schwerem Frost den weiten Weg zur Schule hin machen – ich in meinen dünnen Kleidern und zerrissenen Schuhen. Komm ich heim, beginnt die Arbeit im Stall und die Lauferei, um für mich selber Futter zu betteln. Nu, da waren etliche Deutsche, bei denen ist manchmal etwas für mich abgefallen. Die Köchin vom Kollektiv hat nur dann was hergegeben, wenn sie in guter Laune war. Da mußte ich drauf aufpassen! Aber zur Nacht, da läßt mich keiner rein. »Du bist lausig«, sagen sie, »weg mit dir und fertig!« Einmal sagt eine Frau: »Kind, Kind«, sagt sie, »was quälst du dich so? Immer im Stall und nichts zu essen. In Beresowka ist ein Kinderheim. Versuch doch hinzukommen. Warum fütterst du hier die Läuse?«

Das hat sie zu mir gesagt, aber auch zum Direktor Kronstein, und im nächsten Winter schickt mich dieser Mann ins Kinderheim. Auch wenn's nur für etliche Monate gewesen ist – da hat es ein Bett gegeben und jeden Tag Brot und ein paar Löffel Suppe. Die war jämmerlich, aber du mußtest nicht herumlaufen und darum betteln. Also üppig, wie man sagt, war's auch dort nicht. Was war da schon zu essen im dreiunddreißigsten Jahr! War immer noch schwere Hungersnot in der ganzen Gegend, etliche Dörfer ausgestorben. Waren viele Kinder ohne Eltern – irrten herum wie hungrige Hunde. Und solche Waisen hat man zusammengeklaubt und nach Beresowka gebracht ins Kinderheim. Da hab ich also in der ersten Klasse lernen dürfen bis zum Frühjahr.

Wie sie dann draußen zu ackern angefangen haben,

da mußten die Kinder alle weg zur Feldarbeit, und das Heim haben sie aufgelöst. Die Waisenkinder haben sie auf die Kolchose gestellt und verschiedenen Familien zugeschickt zum Großziehn. Mich haben sie mit ein paar Kameraden nach Helenental gebracht. Unsere Ziehmutter war eine gute Frau, da ist nichts zu sagen. Aber sie hat selbst eine Menge Kinder gehabt, die alle hungrig waren. Für uns hat sie die Verpflegung vom Kolchos bekommen und dann eben manches abgezwackt von dem Unsern, hat es ihren eigenen Leuten gegeben. Nu, ein jeder hätte das damals in Rußland ebenso gemacht. Wenn man nichts hat, da zwackt man ab dort, wo es geht, so wie man sagt: dann wird geklaut!

Mich haben sie damals zum Ackern geholt, und ich hab den Pflug gezogen – an einem Strick hinter dem Traktor her. Wenn der Pflug aus der Furche springt, wenn er wenden muß, dann zieh ich am Strick, und er geht automatisch hoch. Und wenn er in die Furche einfährt, zupf ich wieder, er fällt herunter und weiter geht's im Trab. Wenn sich der Pflug verstopft, dann putz ich ihn. Und so renne ich hinter dem Traktor her, den Akker auf und ab, so lang ich schnaufen kann.

Zur Erntezeit hab ich an der Dreschmaschine gearbeitet, hab die Pferde geführt, die Kornsäcke zum Bahnhof gefahren. Ich war noch klein, aber Arbeit mußte ich ausführen wie ein Großer. Sie hätten Männer dazu brauchen können, aber Mannsleute waren nur wenige da, an denen hat's gefehlt schon lange vor dem Krieg. Wir waren so drei, vier Jungs, die die Gespanne gefahren haben, und geholfen hat man uns nur am Bahnhof beim Verladen.

Im Herbst geht die Plackerei mit der Schule wieder los, diesmal bei uns im Dorf. Ist aber für mich nicht viel herausgekommen; keine deutschen Bücher hat's gegeben, keine Hefte, und vom Kolchos haben sie für diesen Zweck kaum eine Kopeke zugesteuert. Hab im Winter mit Müh und Not die zweite Klasse hinter mich gebracht. Im Frühling werd ich wieder versetzt in einen andern Kolchos – nach Waissowa. Da geht's nur ukrainisch zu, auch in der Schule. Hab es deshalb auch hier nicht weitergebracht beim Lernen. Von Deutsch wieder übergehn auf Russisch – das war mir schwer. Ich war auch überwachsen, viel zu groß für die dritte Klasse. Und im Frühjahr stellt sich heraus, daß ich sitzenbleiben muß – in die vierte Klasse komm ich nicht.

Tut nichts, sag ich mir, für das, was ich da im Kolchos können muß, hab ich genug gelernt. Und so war es auch. Bin darum nie wieder zur Schule gegangen.

Hab also nur noch im Kolchos gearbeitet beim Vieh. Sommers hab ich es draußen gehütet, winters im Stall versorgt. Manchmal durfte ich zum Traktor, das hat mir Spaß gemacht. Der Traktorist war ein freundlicher Mann, hat mich herangelassen an die Maschine, hat mir alles erklärt, hat mir das Steuer in die Hand gegeben und mir die Kupplung gezeigt – wie man einschaltet und alles andere. Bin einmal rumgefahren am Feld, ein zweites Mal, hat ganz schön geklappt. Aber dann mußte ich wieder zurück zum Vieh.

Man hat mich viel herumgeschickt zu jener Zeit, war einmal hier, dann da. Zum Schluß komm ich nach Heinrichsdorf zum Gärtner Adam und seiner ukrainischen Frau, der Tante Melania. Da war ich endlich einmal ganz gut dran.

Er, der Vetter Adam, war ein Mensch mit einer goldenen Seele, und er hat mich gern gehabt wie einen Sohn. Sie hat sich auch nicht schlecht benommen. Streng war sie ja, hat aber nie gesagt: dies darfst du nicht oder jenes ist dir verboten. Ja, geizig ist sie wohl gewesen, aber der Vetter Adam hat vieles wiedergutgemacht – und wenn er sich's vom Mund hat absparen müssen. Nach den Hungerjahren ging es ja auch langsam wieder aufwärts. Wenn wir dann aufs Feld gefahren sind, hat der Vetter Adam Zwiebel reingepackt in seinen Sack, Schwarzbrot und Salz – nu, das war damals etwas Rares – und heimlich auch so 'n kleines Stück Speck. Zu jener Zeit hat er schon ein Schweinchen großgezogen und hat's geschlachtet – war wieder eine Seite Speck im Haus. Hat der Vetter Adam eine Scheibe abgehauen, so daß die Frau es nicht hat sehen können. Und am Feld draußen, ich gedenk mir's noch genau, da hat er mich gefüttert. »Komm, Kind«, hat er gesagt, »was ich eß, das mußt auch du bekommen!« Ja, er war ein guter Mensch. Aber sie, die Tante Melania – nu, sie war ein wenig schwierig. Trotzdem hab ich sie ganz gern gehabt. Sie hat mich nie, wie man so sagt, zusammengeheißen oder sonst was, sie hat auch mit mir mitgearbeitet, hat mir geholfen, ohne viel zu jammern.

Also während dieser Zeit hab ich etwas aus mir gemacht und vieles gelernt. Bin zum Schluß zur Maschinenstation übergegangen und hab den Traktor allein fahren dürfen. Das hat mir gut gefallen. Hab schließlich auch bares Geld bekommen und nebenbei etwas verdient. Dabei bin ich stärker und fester geworden, ein strammer Bursche, wie man so sagt.

Dann aber ist der Krieg ausgebrochen. Zu jener Zeit war ich schon Kombainer (Fahrer des Mähdreschers), hab mit der großen Maschine auf dem Feld gearbeitet. Wie nun die Deutschen näher kommen, da schickt man ein paar Leute mit dem Kolchosvieh davon, und mich mit der Kombaine in Richtung Wosnischensk. Aber hier wird überall schon schwer gekämpft. Holen mich unterwegs die Deutschen ein, nehmen mich gefangen, fragen nach diesem und jenem, fragen hin und her, und wie sie merken, daß ich gar nichts weiß, da lassen sie mich gehen, schicken mich nach Hause. Ich mach mich also davon, ohne Kombaine, die war zerschlagen und kaputt. Auf dem Rückweg treff ich zu meinem Glück mit den Leuten aus Heinrichsdorf zusammen, die unser Vieh davongetrieben haben. Sie wollen auch nach Hause, und ich geh mit ihnen.

Nun finden wir Heinrichsdorf voll mit deutschen Soldaten. Sie krempeln alles um, den Kolchos, die Ämter und was es so gibt. Und unsere deutschen Männer, die paar, die noch da sind, schreiben sie zusammen, geben ihnen Papiere und holen sie zum Selbstschutz. Befehl ist Befehl. Die Männer bekommen rote Armbinden mit einem Hakenkreuz drauf. Mich wollen sie nicht, hab mich wahrscheinlich zu dumm angestellt, war ihnen vielleicht auch sonst nicht gut genug. Aber den Vetter Adam, den haben sie genommen, so alt wie er war, haben ihm solch eine Binde umgelegt. Und wenn ich später mit den Pferden unterwegs war, hab auch ich diese Binde übergezogen. Denn die Rumänen – die haben sich zu jener Kriegszeit auch bei uns eingefunden – sind überall herumspaziert, und wenn einer dahergefahren ist mit schönen, großen oder lustigen Pferden, dem haben sie sie einfach ausgespannt. Und sicher war man nur vor diesen Menschen, wenn man an so einem Hakenkreuz als Deutscher zu erkennen war. Den Deutschen haben sie nur selten etwas abgenommen, so war diese Armbinde ein guter Schutz. Ich hab sie getragen immer nur, wenn's um die Pferde ging. Daß es aber zu meinem Unglück war, das hab ich erst nach etlichen Jahren herausgefunden.

Viele Leute haben damals ihren Grund zurückbekommen. Wer aber vorher nichts gehabt hat, der ist auch jetzt mit nichts verblieben. Ich hab mich nicht drum geschert, wie es daheim in Neufreudental zugegangen ist, wo wir doch früher unsern Hof gehabt haben. Waren ja noch die Schwestern vom Vater dort, sollten sie sich drum kümmern, hatten vielleicht auch ein Papier in der Hand. Ich selber konnte ja nichts nachweisen. Bin also verblieben beim Gärtner Adam als Knecht, da konnte ich mein Brot schon selbst verdienen.

Nu ja, das Brot, aber sonst auch nichts! Ich arbeit, arbeit, bring's aber nicht weiter, denn der Vetter Adam hält mich wohl wie ein Kind, zahlt mir aber keinen Lohn. Meine alten Klamotten hab ich auf mir, das ist alles. Aber mit einem guten Mädchen hab ich inzwischen Bekanntschaft gemacht.

Sag ich nun zum Bauern: »Vetter Adam, ich heirat!«

»Hör auf damit«, sagt er, »wenn der Krieg aus ist, dann wirst du heiraten. Wir machen dir eine schöne Hochzeit, alles was du willst. Jetzt aber nicht.« Ich sag: »Wenn ich nicht heirat, holen mich die Deutschen zu den Soldaten. Sie holen die ledigen Mannsleute«, sag ich, »und ich werd doch nicht zu den Soldaten gehn!«

So sag ich, und ich heirat wirklich. Diese Frau da, die neben mir sitzt, die ich immer noch hab. Ich heirat in zerrissenen Hosen, wie man sagt, in einem einzigen Kittel, mehr war nicht da. Und mein Mädchen, das hat genausoviel wie ich in die Ehe einbringen können, nämlich nichts. Sie war im einundvierzigsten Jahr nach Heinrichsdorf gekommen aus Filisjewa bei Neufreudental. Dort hat es nur sieben deutsche Familien gegeben, alle anderen waren Ukrainer. Ihren Eltern haben sie die Landwirtschaft im dreißigsten Jahr abgenommen so wie den andern auch. Und dann mußten sie in den Kolchos rein. Haben es schwer gehabt in jenem Russendorf und sind deshalb schnell abgezogen, wie die Deutschen kamen. So hab ich sie kennengelernt, und sie hat mir gefallen.

Jetzt also bin ich mit der Klementine verheiratet und muß ein Geld haben. Es geht nicht mehr ohne eine Barschaft, denn wir müssen uns ja etliches anschaffen. So haben wir mit dem Gärtner Adam und seiner Frau angefangen, Samagon zu brühen, Schnaps zu kochen – von Kartoffeln, von Obst, von Maismehl und Korn – von allem, was uns in die Hand gekommen ist. Diesen Samagon haben wir verkauft und etwas angeschafft – Kleider und das nötigste fürs Haus, hab mich so ein wenig herausgedreht. Dann hab ich schon eine Kuh kaufen können, dann ein Pferdchen, hab es gegen ein anderes getauscht, ein besseres, wieder ein anderes, hab gedreht hin und her, bis ich zwei gute Pferde gehabt hab. Meine eigenen Pferde! Einen Wagen wollt ich noch anschaffen, aber das hab ich nicht mehr gepackt!

Es war im dreiundvierzigsten Jahr, da holen mich die Deutschen zur Kommission nach Hoffnungstal. Und wie ich mich auch immer anstell, um wegzubleiben vom Kriegsgeschäft, sie ziehn mich ein, ich muß zum Militär. Zum »Wost«, wie man sagt. Mußte schnell Erste Hilfe leisten, und dann haben sie mich mit meinen schönen Pferden an die Front geschickt bis nach Bobruisk in Bjelorussia. In die vordersten Linien.

Da mußte ich die Verwundeten herausholen, zu den Bahnhöfen schaffen oder auf den Flugplatz. Aber das wird immer schwieriger, geht bald nicht mehr. Die Russen stoßen vor, kommen nach, kommen nach, wir sitzen in einem Kessel drin, wie man sagt. Stehen am Bug, wollen rüber, aber da sind schon die Russen mit ihren Bomben, kommen an mit Panzern und großen Geschützen, es kracht uns um die Ohren wie ein schweres Gewitter. Aber wir haben Glück. Kommen durch, raus aus dem Kessel, und ich war unter den Letzten.

Jetzt ab Richtung Heinrichsdorf. Und endlich sehn wir die Häuser von weitem, da sag ich dem Oberleutnant, der bei uns ist, ich möcht ins Dorf. Denn da waren ja meine Leute, meine Frau, da war ich doch zu Hause. Er, der Oberleutnant, aber sagt: »Nein, wenn du ins Dorf reinfährst«, sagt er, »bist du verloren. Aus dem Dorf muß alles weg, darf keiner zurückbleiben, müssen alle auswandern. Und wenn du dort mit deinen Pferden ankommst«, sagt er, »dann wird es heißen, du bist ein Desertierer. Verstehst du das?« Und dann hat der Oberleutnant noch gesagt, daß meine Leute schon auf dem Weg sind nach Rumänien, daß wir sie einholen müssen, damit jeder zu seiner Familie kommt.

Es waren nämlich in unserem Zug noch viele Kameraden aus dieser Gegend, Deutsche, die alle dasselbe mitgemacht haben wie ich. Da war der W-meier, war auch von den P-länder einer, genau kann ich mir's nicht mehr erinnern. Eine Partie dieser Landsleute war schon abgehauen in der Nacht von Bobruisk, wir sind erst später durchgekommen. Wie's schon so hart hineingeknallt hat, hab ich schnell noch Verpflegung geladen, ich war ja mit dem Wagen da und mit meinen beiden Pferden. Die hab ich selber gekauft und mein Herz an sie gehängt. Sie waren mein Eigentum. Und alles hab ich mit ihnen mitgemacht, das Elend an der Front und die Flucht, bin ich mit ihnen als der Allerletzte hinaus aus Bobruisk.

Und komm jetzt mit ihnen über den Dnjepr weg bis nach Rumänien. Treff da meine Familie an. Meine Frau und ihre Eltern, sind zusammen auch bis her gewandert mit unserer Kuh. Ich weiß den Ort nicht zu nennen, wo das war, aber ich gedenk mir's noch genau, daß da ein Teich gewesen ist und drum herum alles voll mit Umsiedlern, man konnte das Ende nicht absehn, alles Umsiedler, fast nur Frauen und Kinder, Wagen und Vieh, und dazwischen viel deutsche Soldaten und rumänisches Militär. Und in der Nacht, da kommen auf einmal die russischen Flieger an und werfen ihre Bomben mitten in unser Lager hinein. Setzt sich alles in Bewegung, flüchtet und rennt und rennt durcheinander, viele bleiben liegen, Verwundete und Tote. Und die Frauen schleppen ihre blutenden Kinder weg, haben sie später am Wegrand begraben. Das hab ich gesehn, und das hat mich arg mitgenommen.

Wir haben's auch eilig gehabt wegzukommen, machen uns auf den Weg und gelangen nach Ungarn. Von hier sollen wir mit der Eisenbahn weitergefahren werden, und alles versammelt sich wieder und wartet. Kommt da am Bahnhof ein Obersturmführer daher mit seinen Leuten. Sagt, wir werden alle nach dem Warthegau gebracht. Fängt an, alles zu sortieren. Kommt auch zu mir und will mir meine Pferde und unsere Kuh abnehmen. Nu, wir haben aber nichts weiter gehabt, keine andere Sach haben wir gehabt als diese Pferde und die Kuh, und die wollen sie uns nehmen. So hab ich mich gewehrt, hab mich an die Pferde gehängt, hab sie nicht hergeben wollen. Der Obersturmführer brüllt mich an, und ich sag: »Meine Pferde laß ich nicht, die reiß ich sogar einem Teufel aus den Krallen!« Zieht der andere seine Pistole und will mich zusammenknallen. »Was weint denn der«, brüllt er, »den leg ich um!« Ich aber war wie verrückt, hab wirklich geweint und mich geklammert an mein allerliebstes Pferd. Der Obersturmführer reißt mich weg, will mich kaputtschießen. Da steht plötzlich ein Mann hinter ihm, schiebt ihm den Arm herunter und sagt: »Laß den Jungen in Ruh«, sagt er, »der ist krank.« Es war der

Bürgermeister von Heinrichsdorf. »Ich kenn den Jungen«, sagt er, »entschuldigt ihn, er hat viel mitgemacht im Leben, jetzt ist er aufgeregt.« – »Na gut«, sagt der Obersturmführer und gibt mir einen Stoß, »weg mit dir, du Hund, und reg dich ja nicht mehr auf!« Da haben seine Männer uns die Pferde und die Kuh abgenommen, haben mich gepackt und mit Gewalt in den Zug geschleppt, nur daß ich keine Aufregung mehr mach.

Der Zug fährt los, aber ich kann mich nicht beruhigen. Muß auch zusehn, wie so viele Menschen auf der Fahrt noch sterben, viele Kinder darunter, und das hat mich noch mehr aufgeregt. Wir fahren und fahren und kommen an im Kreis Konin. Dort in ein Lager rein. Wir werden untersucht, ob wir nicht krank sind, kriegen Papiere und werden aufgeteilt und auseinandergeschickt. Hat lange gedauert, bis wir da durchgeschleust worden sind, das haben sie »Einbürgerung« genannt oder so was, haben uns in Wolfsberg angesiedelt. Dort ist uns ein Haus zugewiesen worden und etwas Land. Aber ich wollt nichts haben als Eigentum, hab einfach nichts genommen von ihnen. Hab doch gleich gemerkt, daß da ein anderer drum weint, der ist immer in der Dämmerung hinten im Garten gestanden unter den Obstbäumen, die er gepflanzt hat. Ich gedenk mir's noch genau. Wußte schon ganz gut, was das heißt, wenn einem das Liebste abgenommen wird.

Bin lieber in eine Käserei gegangen, hab um Arbeit gefragt, und sie haben mich auch wirklich genommen. Bald darauf ist unsere Tochter geboren, und wir haben sie Elvira genannt. Zur gleichen Zeit aber haben sie mich weggeholt. Zur Waffen-SS.

Und dann ist es vorwärtsgegangen, von einem Ort zum andern. Zuerst zur Ausbildung nach Prag. Von dort gleich zum Einsatz in Holland und Belgien, oder war es Frankreich? Dort kommt der Befehl: auf nach Rumänien! In Galatz an der Donau stellt man uns wieder hinter die Kanonen, aber abgegeben haben wir keinen einzigen Schuß. Befehle hat's immer gegeben, aber wir haben nicht besonders gekämpft. Befehl zurück! Nu, wir setzen uns ab, wie man so sagt, gelangen nach Ungarn, von da in die Tschechoslowakei oder so etwas Ähnliches. Es wird auch hier nicht gekämpft, wir kommen gar nicht dazu, alles geht immer rückwärts. Immer Befehle: zurück, zurück! Und kommen wir bis Österreich, da ist wohl etwas geschossen worden, grad wie man so sagt – in die Luft. Weiß doch keiner, wo er hinschießen tut, was haben wir da schon geschossen! Ich gedenk mir's noch, daß wir gerade 16 Schuß herausgelassen haben und fertig. Ich war nämlich bei der Ari – der Artillerie, 60 Kaliber.

Und auf einmal sagt man uns hier in Österreich, daß wir wieder in einem Kessel drinsitzen, hören auch etwas von Kapitulation. Nu, wir haben uns nicht so schnell ergeben, haben uns noch geschlagen in dieser Gegend. Das ist nichts zu sagen! Wir haben geschossen gegen die Russen, gegen die Amerikaner, das war uns ganz gleich. Denn wir haben auch gehört, daß sie uns sicher umbringen werden, die einen wie auch die andern: Die SS-Männer bringt man um!

Kommen schon etliche aus dem amerikanischen

Lager an, sind abgehauen und melden: sie bringen alle um, die ganze SS. Auch die Engländer tun das nämliche. Fliegt auch ein Amerikaner ein und richtet die Rede an uns: »Männer, wenn ihr euch nicht ergebt, scharren wir euch zu.« Wir aber sagen: »Wer wird sich ergeben? Ihr macht uns dann erst recht kaputt!«

»Das ist ein Blödsinn«, sagt der andere. »Das habt ihr von einem Provokateur gehört, und so und so.«

Jetzt aber sagt der Obersturmführer: »Nun, Männer, was? Tot sein oder bei Leben?« Fragt uns alle, was wir dazu meinen. Da hab ich bei mir gedacht: Zum Beispiel – ob ich jetzt zum Russen komm, daß der mich peinigt, oder zum Amerikaner, daß ich von dem gepeinigt werd, das bleibt sich gleich. Also – ich geh nicht dahin und ich geh nicht dorthin. Und wie die Reihe an mich kommt zu antworten, da sag ich das offen heraus. »Na nein, mein Lieber«, sagt der Obersturmführer, »so geht das nicht. Brauchst keine Furcht zu haben, der Ami tut uns nichts, aber der Russe bringt uns um.«

So haben wir uns also zusammengetan und haben uns ergeben. Dem Amerikaner. Kommen zum Sammelplatz, und von dort schaffen sie uns zum Ebensee. War aber noch kein Lager da, keine Baracken, keine Zelte, nichts. Und hat ein großer Regen eingesetzt. Im Dreck und Wasser sind wir gelegen, dann hat man uns auf eine Wiese verlegt, von der der Bauer noch schnell sein Heu wegholen konnte. Hat Stacheldraht drumherum gelegt, überall Stacheldraht – so waren wir gefangen.

Wer noch etwas bei sich hatte, eine Zeltbahn oder eine Decke, der war gut dran, denn dafür war hier nicht gesorgt. Erst eine Woche später haben sie die Zelte gebracht. Es war auch höchste Zeit, denn die Leute sind schon krank geworden. Haben auch Verpflegung herangeschafft, aber bekommen haben wir davon nichts. Wir nicht. Mußten nur zusehn: sie bringen was rein, teilen aber nichts aus. Und das ging so anderthalb Wochen. War noch ein Glück, daß wir etwas Proviant von früher her im Rucksack hatten.

Für kurze Zeit haben sie uns dann überführt an einen Ort mit einem Werk, aus dem sie Autos herausgelassen haben. Dann mußten wir zurück an den Ebensee, haben da den ganzen Winter verbracht. Und ich muß schon sagen: Besser ist es mir selten ergangen in Leben. Denn ich war eingeteilt zum »Holzkommando«, zum Holzschneiden im Wald. Es war für uns ein großes Glück, für die Amerikaner zu arbeiten. Was haben wir da für ein gutes Essen bekommen! Die Soldaten haben uns gefüttert mit Brot – Weißbrot! – mit Butter und guter Marmelade. Ist auch sonst dieses und jenes für uns abgefallen. Kommt zum Beispiel ein Ami daher, hat gerade neue Wäsche bekommen und braucht die alte nicht mehr. Fragt er: »Willst du sie haben?« Oh, für mich ist sie wie neu, für mich ist sie gut, ich kann sie gebrauchen. Sagt er: »Okay, Mann, nimm sie dir!« Ich pack sie in den Rucksack und bin zufrieden. Hab auf diese Weise auch zwei schöne Anzüge einstecken können.

Aber da kommt das Frühjahr, der Schnee fängt an abzulaufen. Wir dürfen nicht mehr zum Holzfällen in den Wald, und eines Tages werden wir nach Linz gebracht, werden wieder in ein Lager gepfercht. Und plötzlich sind auch die Russen da. Man holt uns heraus, jeden einzelnen – da sitzt ein russischer, dort ein amerikanischer Offizier. Und jetzt fragt man jeden von uns, ob er nach Rußland will. Ich sage: »Nein, nach Rußland will ich nicht!« – »Also gut«, sagt man mir, »du bleibst hier.«

War aber kein anständiges Spiel zwischen den beiden Offizieren, es war ein Betrug. Denn am nächsten Tag morgens früh müssen wir wieder antreten, und jeder kriegt ein Brot untern Arm. Es geht zur Abfahrt, keiner weiß wohin. Wir sehen nur, da stehen die Russen, da stehen die Amerikaner dicht bei dicht, sie passen auf, daß keiner abhaut. Kommen zwischen ihren Reihen durch in einen Raum, werden wieder einzeln gefragt: »Willst du in die Sowjetunion?« Und wieder sag ich: »Nein! Und nochmals nein! Ich will nicht.« Dann läßt man mich abtreten, aber es geht kein Ami mit mir, es ist ein Russe, der mich abführt. So kann ich's nicht derpacken, durchzuschlüpfen durch die Tür, hinter der die Amerikaner sitzen. Manch einem ist es geglückt, ist auch dieser oder jener von den Amis versteckt worden. Die meisten dieser Kameraden haben die Russen aber nachher, als die Amis schon abgezogen waren, doch erwischt. Etliche haben sie gleich erschossen, etliche haben sie mitgehen lassen nach Sibirien.

So wurden wir weggebracht von Linz über die große Brücke – nach welcher Richtung weiß ich nicht. Ankommen sollten wir im russischen Lager 333. Unterwegs haben einige den Aufstand versucht, sind ausgebrochen – nu, hinuntergeschlupft von dem Zug. Ich selber hab zusehn müssen, wie sie dann zusammengeknallt wurden. Vielleicht ist auch der eine oder der andere davongekommen, ich weiß es nicht. So sind unterwegs auch andere schauderliche Sachen passiert. Zum Beispiel: Fängt der Kamerad neben mir plötzlich an zu keuchen, und dann seh ich, wie ihm das Blut am Hals hinunterfließt. Hat der Mann versucht, sich die Kehle durchzuschneiden mit einer Rasierklinge. Ich meld es gleich, der Zug wird angehalten und der Kamerad herausgeholt. Hat ihm nichts genutzt, er ist am Leben geblieben, und später hab ich ihn in Rußland wieder angetroffen – hinter Draht natürlich!

Wir kommen an im Lager, und da ist auch schon ein Tribunal. Es waren ihrer drei, die uns ausgefragt haben – Troika hat man sie genannt. Alle mußten wir sagen, woher wir kommen, wer wir sind – wie und was; es sollte ihnen nichts verborgen bleiben. Und je länger das gedauert hat, um so ängstlicher sind wir geworden. Viele, viele von uns haben sie gleich erschossen. Und meistens waren es die Hochgeschulten, die an die Wand gestellt wurden. Da war zum Beispiel ein Lehrer, mit dem ich mich gut verstanden hab, den haben sie von meiner Seite weggeholt – er ist nicht wieder zurückgekommen. Mit einem andern Kameraden, der die zehnte Klasse geendigt hatte, ist es ebenso geschehn. Und uns, die wir bei Leben geblieben sind, haben sie immer wieder durchsucht, haben in unsern Rucksäcken herumgewühlt, alles durchgesehn. Schon bevor wir ins Lager reingingen, haben sie das getan und uns alles weggenommen, was wir von den Amis geschenkt bekommen hatten. Alle schönen Sachen haben sie uns weggenommen, Klamotten, Uhren, Taschenmesser, Zigaretten, die wir uns eingehandelt hatten. Und bevor wir dann aus dem Lager weggeschafft wurden, haben sie wieder alles durchwühlt. Wir kommen raus, sind schon am Weg zum Bahnhof, da müssen wir umkehren, werden wieder reingetrieben ins Lager, zum zweiten Mal kontrolliert. Am Bahnhof suchen sie uns zum dritten Mal ab an diesem Tag. Wer's derpacken konnte, dem ist vielleicht noch ein wenig Wäsche verblieben so wie mir, aber sonst nichts.

Mit diesen Untersuchungen haben sie nicht aufgehört auf der ganzen langen Fahrt nach Rußland. Wo der Zug einmal anhält, kommen Soldaten rein, immer andere, wühlen unsere Sachen auseinander und – es ist grad wie ein Wunder – plündern immer noch etwas heraus. Bis wir in Mittelasien ankommen, hat auch kein einziger noch etwas bei sich von dem, was ihm vielleicht noch verblieben war. Ist ja zu verstehen – weil jeder, der durchsuchen kommt, etwas wegtragen will. Die Letzten haben nichts mehr gefunden und haben uns das spüren lassen.

Auf diesem Transport sind wir schwer gepeinigt worden, haben nichts anderes zu essen bekommen als Fisch, verfault, versalzen, und Suchari. Ärger aber als der Hunger war der Durst. Wenn du diesen salzigen Fisch hinuntergewürgt hast, dann hat dich sehr bald nach Wasser verlangt, hast nach Wasser geschrien. Aber nur wenn du aufpaßt, fallen für dich ein paar Tropfen ab. Wasser schaffen sie nur selten und immer nur in kleinen Mengen heran. Viele Kameraden haben Durchfall bekommen, wie man sagt, sind krank geworden und elendig zugrunde gegangen. Richtig ausgemördert haben sie die Leute.

Endlich nach vielen Wochen kommen wir an in Tschirkistroi. Werden ausgeladen, und da sind jetzt welche von der Obrigkeit, die fragen, ob man uns unterwegs etwas weggenommen hat. Sie fragen wirklich danach. Aber nicht, um uns wieder etwas zurückzugeben, nein, sie fragen nur, um die zu richten, die uns ausgeplündert haben. Denn, so wird gesagt, die hätten sich benehmen müssen, wie es ihnen das Gesetz vorschreibt. Die Regierung will das so, aber gemacht wird das ganz anders.

Neben dem Bahnhof, Stanzia basy, ist schon das Lager. Da kommen wir hin und werden zur Arbeit aufgeteilt. Anfangs geht's so hin und her, dann für längere Zeit zu einer Baustelle. Dort habe ich Ziegel schleppen müssen zwischen Wachsoldaten mit Maschinenpistolen, waren fast so viele Aufseher da wie Arbeiter. Andere aus unserem Lager haben in einer chemischen Fabrik gearbeitet, ich weiß aber nicht, was sie da herausgelassen haben.

Wie das so ist – du fängst an, dich schon zu gewöhnen an die schwere Arbeit und an das jämmerliche Leben im Lager und denkst, daß du das alles mit der Zeit überstehen wirst. Man kann dich doch für ewige Dauer hier nicht zurückhalten. Hast doch nichts verbrochen, hast immer nur getan, was man dir anbefohlen hat. Aber nein! Schon ist solch eine Troika da, und du kommst wieder zum Verhören. Es sind drei Mann, und die fangen an, jeden einzelnen zu richten. Jeder muß gestehn, was er verbrochen hat, muß auch sagen, was andere verbrochen haben – Menschen, die du nicht einmal kennst! Was aber sagst du, wenn du nichts zu gestehen hast, sie aber etwas wissen wollen von einem Verbrechen. Was kannst du über einen Menschen sagen, was kannst du ihm nachweisen, wenn du ihn nie gesehen hast? Aber sie drücken drauf, du mußt es wissen! Und du weißt es nicht. Wie kannst du sagen, dieser Mann hat da und dort so oder so gehandelt? Kannst du das? So haben sie mich gefragt nach einem Michel Josip, einem Deutschen, der soll dabeigewesen sein, wie man irgendwo einen gepeinigt hat. Wollten den Mann in eine Schuld hineinstopfen. Und weil ich nichts gewußt hab von dem, was sie hören wollten, haben sie angefangen, mich selbst zu beschuldigen, daß ich die Juden verfolgt hätte zu Hause in Heinrichsdorf. Da hätten es die Deutschen so getrieben, und ich – ich wär auch dabeigewesen, hätt' mitgeholfen, die Juden zu morden. »Nein«, sag ich, »in unserm Dorf hat es überhaupt keinen Juden gegeben.« Nun kommen sie mir aber mit den Selbstschutzmännern, mit denen hätte ich's gehabt. Nu ja, ich hab dann und wann ihre Armbinde umgelegt, aber was diese Leute im Dorf getätigt haben, das weiß ich nicht. Weiß nur, daß sie aufpassen sollten auf die Partisanen, daß kein Fremder ins Dorf kommt und Schaden anrichtet. Weiß auch, daß kein Zivilmensch einen andern umgelegt hat. Und daß auch ich in Rußland keinem etwas zugefügt hab, daß ich nur Verwundete geschleppt hab, niemandem zum Schaden.

Was ich auch immer sag, es nützt mir nichts, sie hören mir nicht einmal zu. Und verurteilen mich zu 25 Jahren Zwangsarbeit.

Jetzt geben sie mir Papiere, Abmerkblätter, wie man sagt. Ich geh zur Arbeit wie vorher, werd dort abgemerkt, komm zurück ins Lager und wieder merken sie mich ab. Mit diesem »Propusk« (Genehmigung) kann ich frei zur Arbeit laufen und zurück, aber wenn ich sonstwohin gegangen wär, dann hätten sie mich gleich geschnappt, und das wäre schlecht ausgegangen. Daß wir frei laufen konnten, das war nur wegen der Leute in der Stadt, die sollten nicht sehen, daß wir zur Arbeit geführt werden mit den Wachsoldaten. Aber mit der Zeit hab ich gelernt, mir's einzuteilen, daß ich schnell noch auf den Markt laufen konnte – der war nämlich nur nebendran. Wenn ich ein paar Kopeken hatte, konnte ich mir dort etwas zum Essen einhandeln. Denn für die Arbeit haben sie uns etwas Geld gegeben, daß wir bei Leben bleiben konnten. Hab immer ein wenig Maismehl gekauft und davon Mamalyga (Maisbrei) gekocht. Im Lager war eine Küche, da konnte man sich etwas abkochen. Das wurde eingeplant, denn von der Kantine haben wir so wenig bekommen, daß wir uns immer etwas aus Eigenem beschaffen mußten, sonst wären wir sehr bald schon draufgegangen. Zum Kleiderkaufen hab ich keine Möglichkeit gehabt, es hat doch nicht einmal zum Essen ausgereicht, was wir verdient haben. Für die Arbeit haben wir vom Lager Presentkleider bekommen, wie man sagt, und was ich an Unterkleidern auf mir hatte, das hab ich noch aus Deutschland mitgebracht, hab sie auf mir getragen, bis sie mir vom Leib gefallen sind. Andere hab ich nicht bekommen all die Jahre lang.

Da war ich also vom siebenundvierzigsten bis zum

neunundvierzigsten Jahr am Bau. Hab dabei auch das Schweißen gelernt, nur ein paar Tage geübt, und schon konnte ich selbständig arbeiten. Im neunundvierzigsten aber verschicken sie mich in den Uran-Schacht bei Leninabad. Taboschar hat der Ort damals geheißen, später Skalosk II – wie er jetzt heißt, weiß ich nicht, man nennt ihn immer wieder um. Dort hab ich als Elektroschweißer neun Jahre gearbeitet, unter der Erde, über der Erde, wo sie mich hingetan haben, Röhren zu schweißen. Röhren für Luft und Röhren für Wasser.

Im Lager, das kann ich sagen, war es schier dasselbe wie vorher. Mußte mich morgens abmelden, pünktlich am Arbeitsplatz eintreffen, denn schon haben sie angeklingelt und gefragt, ob ich mich auch wirklich eingefunden hab. Mußte immer alles abgemerkt werden – im Lager und auch im Schacht. Aber damit nicht genug. Steh schon etliche Stunden bei der Arbeit, da kommt ein Agent und kontrolliert, ob ich auch wirklich da bin, nach kurzer Zeit wieder ein anderer. Der will nicht nur prüfen, ob ich da bin, der will noch etwas mehr wissen.

Nu, man möchte lieber im Lager bleiben als dieses Herumspionieren immer wieder ertragen. Wie tut's einen aufregen, wenn so ein Agent vom KGB (Komitee für Staatssicherheit) auch nur daherkommt! Wie schrecklich, wenn er einen dann auch noch herausruft und einen auszufragen anfängt, nach diesem Menschen, nach jenem Menschen, nach allen Arbeitskameraden, nach jedem, mit dem man im Lager zusammen ist. Und immer auch nach Leuten, die man gar nicht kennt. Ich sag: »Ich weiß nichts«, aber das wollen sie nicht hören. »Ach«, sagen sie, »du weißt ganz genau, was sie tun und was sie reden, du willst es nur nicht sagen, du willst nicht gestehen!« Hin und her. Sie wollen einfach, daß ich den Leuten eben das unterschieb, was sie ihnen nachweisen wollen. So haben mich die vom KGB immer herumgeschleppt, vom Arbeitsplatz zur Kommandantur, zurück zur Arbeit, vom Lager zur Kommandantur, wieder zurück. Haben immer nachgefragt, wo ich war, wo ich nicht war. Und dabei immer gedroht und gedroht.

Aber nicht nur ich alleine werde gefragt, es werden viele gefragt, fast alle, die im Lager und bei der Arbeit sind. Es wird gefragt, was der Kamerad, der neben dir schläft, gesagt oder nicht gesagt hat, was er erzählt und was er erlebt hat, bevor er geschnappt worden ist. Das soll ihnen vermeldet werden. Ich aber bin doch nicht so neugierig, daß ich den Leuten nachhorche. Nun macht es sich manchmal, daß man was hört, aber kann man dann hingehn und sagen, der Mensch hat das und das erzählt? Wenn ich das sag, dann ist dieser Mensch geliefert. Und ich selber hab auch nichts mehr zum Lachen. Denn dann machen sie mich zum Spitzel. Tag und Nacht bekomm ich keine Ruhe mehr, darf kaum noch schlafen, muß immer aufpassen. Davor hab ich mich sehr hüten müssen, hab immer geschwiegen, und das haben sie mir dann auch heimgezahlt auf ihre Art.

Im achtundfünfzigsten Jahr war es, im Herbst – ich bin immer noch mit dem Propusk gelaufen –, da werd ich verhaftet. Haben sich Leute gefunden, die ausgesagt haben, daß ich beim Selbstschutz war. Und da war ich nicht! Konnte keiner behaupten, daß ich beim Selbstschutz gewesen bin. Und bin trotzdem schon einmal deswegen gerichtet worden. Jetzt fangen sie also wieder damit an und bringen mich nach Odessa ins Gefängnis.

Am 17. November bin ich da angekommen, und etliche Monate – bis nach Neujahr – haben sie mich immer verhört und nachgefragt und nachgefragt. Haben versucht, mich zu beschuldigen und mir Tag und Nacht keine Ruhe gegeben. Gott weiß es, was sie alles mit mir getan haben. So bin ich in der Smertnaja Kamera (Todeszelle) gesessen, da haben sie Gas zu mir hereingelassen. Waren ganz kleine Löcher in der Wand, so klein wie Nadelstiche. Und wie es angefangen hat, in der Stille ringsum leise zu zischen, da haben sich kleine gelbe Kreise um diese Löcher gebildet, das hat man nicht gleich merken können, nur nach und nach. Und leise, kaum zum Hören hat's gezischt: Pfiih! Was sie da hineingelassen haben, das weiß ich nicht. Aber man wird davon wie besoffen, man weiß nicht, wie einem ist. Mir war – nu, wie man sagt, schwindlig war mir, ganz sonderlich zumute.

So geh ich zur Wand hin, leg die Hand auf solch eine Stelle und fang dann an, den Mörtel um die Löcher herum mit den Nägeln abzukratzen. Aber schon kommt der von der Wache, schaut durch das Loch in der Tür rein und brüllt: »Hau ab von der Wand!« Holt mich raus und bringt mich zum Abtritthaus. Da muß ich so lange bleiben, bis alles wieder zugeschmiert ist.

Das war die Smertaja Kamera – die Zelle, in die man die Leute hineinsteckt, die erschossen werden sollen. Das hat man mir gesagt und hat mich lange darin sitzenlassen. Hab Tag und Nacht gewartet, daß man mich abholt. Nach einer Zeit aber war es mit meiner Kraft zu Ende, hab die Fassung verloren und hab geschrien und geschrien: »Erschießt mich endlich, was tut ihr mir hier mit diesen Gasen an?«

Ich lauf in der Kammer auf und ab, und so wie ihr Boden bedeckt ist mit roten Platten, so krächzt er unter meinen Füßen. Kracht alles unter mir, kann mich hinstellen, wo ich will, immer krächzt und kracht es unter meinen Füßen. Dann find ich mir einen Platz, dicht an der rechten Wand, da kracht es nicht. So bleib ich da stehen und lauf nicht mehr herum. Auf zwei kleinen Platten, die halten still. Sowie ich aber den Fuß ein wenig wegstell, kracht es wieder: Krrk – krrk! Jetzt ist eine Weile Ruhe. Aber schon ist der Wächter wieder da, jagt mich auf. Ich muß auf und ab laufen, immer auf und ab.

Schlafen darf ich nicht bei Tag. Das gibt's nicht. Schlafen? In der Nacht werd ich ja immer verhört, bei Tag muß ich auf und ab rennen. Wenn's einmal nachts kein Verhör gibt, macht der Wächter erst um 11 das Fensterchen an der Tür auf: Hinlegen, schlafen!

Aber du kannst ja nicht schlafen! Denn dann hörst du, wie es von allen Seiten schreit und stöhnt. Hörst nur: oi, oi, oi! Frauen- und Männerstimmen. Eine Frau, wie ich mir's gedenk, die hat was Merkwürdiges gekrischen. Das darf ich aber gar nicht erzählen, es ist sehr schrecklich! Man konnte dabei ganz von Sinnen kommen. Und das haben sie wahrscheinlich auch gewollt, daß ich verrückt werd. Dann können sie mich leichter abknallen. Denn dann spring ich raus, spring weg, und sie schießen hinter mir her. So haben sie es mit vielen Leuten gemacht.

Hab mich deswegen zusammengerissen, hab durchgehalten. Und wie sie nun gemerkt haben, daß sie so mit mir nicht weiterkommen, da haben sie angefangen, mich zu schlagen und zu peinigen. Hab einmal auch zurückgeschlagen, hab mich gewehrt. »Was quält ihr mich?« Hab's aber kein zweites Mal versucht, das kann man sich denken!

Es kommt zur Verhandlung, zum Urteilsspruch. Der Staatsanwalt verlangt die Todesstrafe, dann gehen die Richter ab. Kommen wieder und verkünden: Nicht Todesstrafe, sondern 15 Jahre Haft als politisch Verurteilter.

War mir alles gleich. Ja, sogar froh bin ich gewesen, daß damit die Zeit in Odessa vorbei war. Denn jetzt haben sie mich weggebracht, mit der Eisenbahn nach Kiew, von Kiew nach Charkow, von Charkow nach Nowosibirsk, von dort nach Omsk und Tomsk, und hab ich alle Gefängnisse kennengelernt, auch das von Tula.

Das geht so: Zwei, drei Tage sitzt du in einer Zelle, dann holt man dich heraus, sagt dir, du kommst in ein Lager, dort wirst du bleiben. Und du denkst: Gott sei Dank, jetzt bist du alles los, hast den Weg hinter dich gebracht. Aber schon bist du an einem andern Ort, in einem andern Gefängnis. Kommst rein, gehst in die Banja, wäschst dich endlich und kommst raus. Hörst wieder, daß nach dir gerufen wird: Der und der soll antreten. Kannst also auch da nicht bleiben, bist schon wieder in einem andern Transport, und es geht weiter. Vielleicht kriegst du vorher grad noch eine Suppe, aber du kannst auch schon nicht mehr essen, denn du bist jetzt so matt, daß dich nach nichts mehr verlangt, du kannst kaum noch laufen. Jetzt wirst du wieder zwei, drei Tage herumgeschleppt mit dem Zug – hin und her. Und immer kommen neue Gefangene hinzu. Steht der Zug auf einem Bahnhof, schon tauchen ein paar Gestalten auf, achte oder zehne werden hereingesetzt, achte oder zehne werden herausgeholt, und so geht es Tag um Tag, Nacht um Nacht. Du kannst nicht schlafen, du wartest immer nur: Gleich wirst du ausgesetzt, gleich holen sie dich raus. Hast immer die Hoffnung, daß du rauskommst aus dem dreckigen Waggon. Aber du wirst geführt und geführt – ohne Ende!

Und das mit dem Essen: Du kriegst das faulige Schwarzbrot kaum hinunter, willst lieber trinken, aber die geben dir kein Wasser. Woher willst du es nehmen? Du bist ja eingesperrt. Oh, der Durst ist viel schrecklicher als der Hunger, den spürt man nach einer Zeit schon gar nicht mehr.

Mußt du auf den Abtritt, dann kannst du eine Ewigkeit warten, bis jemand kommt und dich rausführt – dann geht es in die Hose rein. Bist du endlich auf dem Abtritt – ah, da ist auch Wasser! Da stürzt du dich darüber und trinkst dich so voll, daß du kaum noch schnaufen kannst. Und wenn du dich so antrinkst, dann mußt du öfter auf den Abtritt springen, denn du hast ja nichts im Magen, und das Wasser spült dir durch die Därme, mußt also wieder hinaus und kannst nicht. Was bleibt dir übrig? Gehst her und stellst dich in eine Ecke, und wenn du dich erleichtert hast, wie man so sagt, dann kommen die Posten und schlagen dich zusammen: »Kannst du's nicht zurückhalten, du Schwein!« Sie schlagen dich, schmeißen dich um, und da liegst du dann. Das hab ich alles mitgemacht, hab schon solche Furcht gehabt, in die Ecke zu treten, hab alles unter mir durchgelassen. Ja, was hätt ich machen sollen? War nicht anders möglich. Hab doch gebeten und gebettelt, führt mich raus, aber gelacht haben sie, und wenn sie's endlich erlaubt haben, war ich schon fertig. Sag ich: »Danke schön, ich hab's schon in den Hosen.« – »Na«, sagen sie, »das ist deine Sache. Ist nicht unsere Sache!« Wenn dann ein besonders grober Mensch dabei ist, schlägt er dir noch eine ins Gesicht rein, du fliegst um und bist weg. Weißt selber nicht mehr, wo du dich befindest.

So gelangen wir endlich nach Taischet in Sibirien. Da bringt man mich wieder in ein Lager und verspricht: Hier wirst du bleiben. So war es dann auch.

Ein schrecklicher Ort, dies Taischet. Ich gedenk mir's noch genau, wie uns da die Schnocken gefressen haben. Es sind ihrer so viele, daß du dich nicht erwehren kannst. Sie kommen an wie ein Regen, schlüpfen durch alle Ritzen. Draußen im Freien und drinnen in den Baracken war alles voll von ihnen. Sie setzen sich dir ins Gesicht, auf den Hals, auf die Arme, saugen sich an, und wenn du dir über die Haut streichst, wirst du ganz blutig. Rennst herum wie ein Teufel! Und der ganze Leib brennt wie das höllische Feuer. Hab mir ein Stück Verbandsstoff besorgt – wir sagen »Marle« da zu –, hab mir eine Maske draus zusammengestopft, hab sie mit etlichen Stöckelchen in die Breite gedehnt, hab das ganze über den Kopf gestülpt und am Hals zugezogen. War eine kleine Hilfe, aber die Schnocken fanden doch rein, auf die Augen, in die Ohren, sie waren überall, und niemand konnte ihnen entkommen.

Im Lager von Taischet war ich schier ein Jahr. Hab auf einer Baustelle gearbeitet, hab Sand geführt. Und bin dabei immer elender geworden, bin schließlich auf der Nara (Pritsche), wie man sagt, liegengeblieben. Die andern sind zur Arbeit gegangen, ich aber konnte nicht mehr aufstehn. Anfangs haben sie mich morgens immer noch rausgejagt zum Antreten und Abzählen. Aber zum Schluß konnte ich auch das nicht mehr, war körperlich und seelisch am Ende. Auch wollte ich das alles nicht mehr ertragen und hab mir vorgenommen: Ich geh und häng mich auf! Hab von früher her gewußt, daß auf dem Speicher oben über einer aufgelassenen Baracke ein Strick liegt. Den hat einmal ein Mensch zusammengedreht, der das gleiche vorgehabt hat wie ich. So kriech ich mit aller Kraft auf den Speicher, find den Strick immer noch an seiner Stelle. Ich seif ihn ein und richt alles vor – und gerade will ich ihn anlegen, da kommen sie! Hat mich einer erblickt, hat gesehn, daß ich auf dem Speicher verschwind, hat gleich geahnt, was ich da wollte, und hat Meldung gemacht.

Da sind sie nun, die Nadsirateli (Wärter), kommen gesprungen und schnappen mich. Nehmen mir den Strick ab und führen mich hinunter. Haben mir aber nichts weiter zugefügt.

Meinen Plan aufgeben, das wollte ich nicht. So versteck ich mich später in der Baracke, in der sie die Läuse kaputtmachen. Da geben sie immer die Kleider rein und desinfizieren sie bei großer Hitze. Ich denk, da kriechst du unter, vielleicht gelingt es, daß du verschmachtest. Aber wieder finden sie mich. Einer schaut rein, rennt weg und schreit: »Der Deutsche ist da drin, den muß man herausholen!« Hin und her! Kommen die Soldaten, auch deutsche Kameraden, reden auf mich ein, führen mich weg. Die Deutschen versuchen, mir diese Sache auszureden: »Warum tust du das? Du bist noch jung«, sagen sie, »es wird dir wieder einmal besser gehn im Leben. Mußt nur abwarten.« Andere wieder, besonders die Russen, verhalten sich feindselig. »Laßt ihn doch sich aufhängen«, sagen sie, »laßt doch den Teufel ihn holen!« Einer der Russen aber spricht anders: »Was dieser Mensch hier tun will«, so sagt er, »das ist eine Sünde. Seine Mutter hat ihn geboren, damit er lebt. Er darf sich nicht selber das Leben nehmen!«

Da hab ich mir überlegt: Der Mann hat recht! Meine Mutter hat mir das Leben geschenkt, ist selber gestorben. Nu, wegwerfen darf ich das Leben nicht. Nein, jetzt stell ich mich erst recht auf die Füße. Hab angefangen zu essen, was ich kriegen konnte, hab mich zusammengenommen – und wenn der Mensch nur will, dann kann er vieles ausrichten, wie man so sagt. Auch in einem so schlechten Zustand, wie meiner es damals war. Hab mich wirklich langsam erholt, immer besser und besser ist es mit mir geworden. Und das bin ich unserer ganzen Kameradschaft schuldig bis zum heutigen Tag, den deutschen Gefangenen! Das waren, wie man sagt, ordentliche Menschen, haben mitgeholfen mit dem Wenigen, das sie selber hatten, so daß ich nach etlichen Wochen wieder zur Arbeit gehen konnte.

Wären wir damals nicht so einig gewesen unter uns, dann wären wir alle kaputtgegangen. Denn nur so haben wir uns wehren können gegen das Verbrechergesindel, mit dem man uns im Lager zusammengeschmissen hat. Räuber und Mörder und Gauner. Diese Gefangenen haben sich für etwas Besseres gehalten als die Politischen und die Kriegsgefangenen, sie wurden auch besser behandelt und geschont. Denn sogar die Wachen haben sich oftmals vor ihnen gefürchtet. Diese Menschen haben uns weggestohlen, was sie nur konnten, haben uns das bißchen Fettstoff genommen und das Fleisch, wenn es einmal solche Abfälle gegeben hat. Etwas Gutes ist ja nie reingekommen ins Lager. Haben auch gelauert dort, wo das Brot verteilt wurde. Jetzt kommst du daher und willst deine Ration wegtragen, plötzlich fallen sie über dich her, nehmen dir das Brot weg und du bleibst mit dem leeren Magen. Wehren kannst du dich nicht, denn sie haben Stechmesser unter dem Kittel, haben immer etwas Scharfes bei sich. Und wenn du es mit einem von ihnen aufnehmen willst, dann sticht er dich nieder, und du bist weg!

Wie das nicht mehr zum Aushalten war, da haben sich die Kameraden zusammengetan. Haben gesagt: »Jetzt reicht's, gehn wir die Sache an.« Und einmal am Abend haben wir uns mit Stöcken bewaffnet, haben das Gesindel abgefaßt und ordentlich zusammengeschlagen. Und hat es auch Tote gegeben, da kann man nichts sagen. Kriegt einer eins auf den Kopf draufgehauen, mit einem Stein oder einem Stock, er kippt um, und aus ist es mit ihm. Unsereiner hat ja verschiedentlich auch etwas abbekommen, aber wir haben uns, wie man so sagt, gut rausgewehrt.

Haben ihnen kundgetan, den Gaunern: Wenn sie uns noch einmal in den Weg kommen, schlagen wir sie alle tot. Aber schon am andern Morgen hat sich das ganze Lager gelupft. Sowie es hell war, haben wir angefangen zu kämpfen. Haben sie wieder kleingekriegt, auch ohne Messer selbstverständlich, dergleichen hatten wir nicht. Aber da war ein Rauchfang aus Stein, war auch ein Ofen aus Ziegel erbaut, das konnten wir alles auseinandernehmen. Ob Winter oder Sommer war, drauf haben wir nicht gesehn, haben alles verschlagen und uns mit den Steinen gewehrt. Die Gauner mußten bald aufgeben und von uns lassen. Wir sind dann nach vorne zum Tor gezogen, wo die Wachen waren, haben gedroht, daß wir alle umbringen, wenn man sie nicht wegnimmt von dahier, die Schurken und Mörder. Und wirklich, sie haben sie weggeholt und von uns abgesondert. Jene aber, die zurückbleiben mußten, die waren vernünftig, haben sich nicht mehr gerührt – war fortan für sie nichts mehr zu holen.

Jetzt sind wir mutiger geworden. Wir lassen uns nichts mehr gefallen. Wenn wieder etwas los ist, dann verschlagen wir die Steine, und wenn wir's anders nicht packen, dann schmeißen wir damit nach jenen, die uns peinigen wollen. Oder wenn ich einen harten Stock hab, dann laß ich niemanden mehr nahebei zu mir. Und wenn es um einen guten Freund geht, dann denkt man erst recht nicht lange nach, man schlägt noch tüchtiger zu. So ist es mir ergangen mit einem Kameraden. Den hat einer erschossen, und das ist so gewesen:

Von Zeit zu Zeit läßt der Natschalnik die Leute herausholen, manch einer kommt zurück, viele bleiben ganz weg. Einmal schickt er nach mir und meinem Freund. Ich muß vor der Tür warten, mein Kamerad geht hinein, und ich hör, wie er vom Natschalnik beschimpft wird – Faschist, SS-Mann und weiß Gott, was er ihn noch zusammenheißt. Mein Freund sagt: »Was wollt ihr von mir, ich hab nichts getan.« Da schreit der Natschalnik: »Dir werd ich's geben, elender Faschist!« Und ich hör einen Schuß – dann ist nichts mehr.

Jetzt werd ich hineingerufen. Das Zimmer ist mit einem Wandschirm abgeteilt, und untendurch fließt Blut hervor. Mein Freund aber ist nicht zu sehn. Sagt der Natschalnik zu mir: »Setz dich hin!« Ich bleib stehen und setz mich nicht. »Jetzt«, sagt er, »wirst du alles gestehn, was du verbrochen hast.« Ich sag: »Ich hab mein Gericht schon gehabt, ich bin schon abgeurteilt worden für alles, was ich getan und nicht getan hab.« – »Ach«, sagt er, »du willst Geschichten machen?« Und langt nach seiner Pistole.

Nun haben mir aber die Kollegen schon gesagt, gib acht, wenn er die Pistole nimmt, paß schwer auf! Und wie er's nun wirklich tut, greif ich schnell nach einem dicken Tintenglas von seinem Schreibtisch und hau es ihm in den Kopf rein, daß er umfällt. Dann hab ich ihm die Pistole weggenommen und hab selbst auf ihn geschossen. Ja, das hab ich getan. Hab den Wandschirm weggeschossen und meinen Kameraden da liegen gesehn, er war tot. Und der Natschalnik war es auch!

Wie nun der Schuß gefallen ist, da sind auch schon die Nadsirateli herbeigestürzt, wollten mich anspringen. Ich aber hab die Pistole immer noch in der Hand gehabt: »Keiner darf zu mir bei! Bis die Prokuratura (Staatsanwaltschaft) kommt.« Nu ja, die war schnell zur Stelle, alle Lagerherren zugegen, und der Älteste, der über das ganze Lager kommandiert, der fragt mich, was da los ist. Sag ich, so und so! Da zeigt er auf meinen toten Kameraden und sagt: »Das war der hundertste, den er erschossen hat und fast wärst du der hundertste gewesen. Hat auch einmal Pech gehabt, der Ärmste«, sagt er.

Obwohl der Älteste soviel Verstand hatte, mich zu entschuldigen, sind sie dann über mich hergefallen und haben mich festgenommen. Haben mich nicht gequält, aber verurteilt haben sie mich zu fünf Jahren Einzelhaft und haben mich von Taischet nach Mordavia gebracht.

Da haben sie mich im Lager 10 bei den Schwerverbrechern in eine Zelle gesperrt. Ganz allein in ein dunkles Loch. Was konnte ich da machen? Ich bin herumgelaufen – drei Meter hin, drei Meter zurück, bin immer gelaufen und gelaufen. Wenn ich nicht mehr konnte, hab ich mich hingesetzt aufs Bett, hab mich auch lang hingelegt und mir gewünscht, ich möchte einschlafen und nicht mehr aufwachen. Aber wer kann schon schlafen! Sowie du dich hinlegst, fällt dir etwas ein, kommt dir etwas in den Kopf – Gott weiß was!

Durcheinander alles. Ich hab gedacht, daß ich wirklich schon die Sinne aufgeb.

Dann ist etwas geschehen, was ich nicht mehr erhofft hab. Es waren so an die sechs Monate vergangen, da haben sie mich plötzlich zur Essenszeit aus der Zelle geholt, haben mich fortgeschickt Essen verteilen. Jeden Tag mußte ich das nun machen. Jene, die ich zu besorgen hatte, das waren die Kranken in der Psychiatrie. Eine solche Abteilung hat es da im Lager auch gegeben. Hab also Essen verteilt, nachher Geschirr gewaschen, und wenn ich fertig war, haben sie mich wieder zurück in die Zelle geführt.

So ist das gegangen vom sechzigsten bis zum fünfundsechzigsten Jahr. Dann durfte ich schon ein wenig im Hof herumlaufen, zwischen den Leuten mich ein wenig bewegen. Aber immer nur in der Psychiatrie. Dort haben sie mich hingeschafft, und dort bin ich später auch selber krank geworden.

Als sie damit anfingen, mich gelegentlich herauszulassen, bin ich immer zu den Schwerkranken gelaufen, hab ihnen Brot hingetragen, denn diese Leute waren, wie man sagt, sehr gierig aufs Essen. Da hab ich hier und dort etwas zusammengebettelt, und hab es diesen Menschen hingetragen, denn die waren arg schlimm dran, und ich hab sie sehr bedauern müssen. Hab gebettelt für sie, ein Gefangener für die Gefangenen von anderen Gefangenen. Manche haben selbst nicht mehr essen können, haben mir ihr Brot zukommen lassen, der eine oder andere hat auch aus Mitleid etwas hergegeben. So hab ich geholfen, etwas zu organisieren für die, die zwischen uns am meisten haben leiden müssen, hab sie gefüttert und ein wenig für sie gesorgt.

Sind immer neue Leute hereingebracht worden, nicht weil sie wirklich verrückt waren, sie waren nur am Ende mit ihrer Geduld, konnten die Verfolgung nicht mehr ertragen und haben alles mögliche angestellt, gerade aus Trotz gegen die Wächter, auch gegen sich selber – no, gegen die ganze Welt, wie man so sagt. Jeden Tag hab ich neue Gesichter gesehn, und waren ganz schreckliche darunter. Da kommt ein Mensch daher, der hat sich die Ohren abgeschnitten, ein anderer hat sich das ganze Gesicht verschandelt, läuft ohne Nase herum, einer hat sich mit dem Beil die Finger abgehackt – so weit haben sie den Menschen gebracht, daß er sich selbst verstümmelt. Ich gedenk mir's noch, wie es einem ergangen ist, der sich das ganze Gesicht tätowiert hat, hat sich Buchstaben eingeschrieben mit der Nadel. Da konnte man lesen »Lenin Bandit«, »Chruschtschow Bandit«, und andere solche Dinge hat er genadelt. Da haben sie versprochen, ihn herauszulassen, wenn er die Tuschung sich selber wieder abnimmt. Geht der Mensch daher und brennt sie sich aus bei lebendigem Leib, schleift dann die blutende Haut auch noch mit einem harten Stück Leder ab. Etliches hat er rausgebracht, etliches nicht. Freigelassen aber haben sie ihn nicht, haben ihn nur verspottet. Aber Furcht haben sie vor einem andern gehabt, die Lagerwachen. Das war ein politisch gelernter Mensch, hat sich ausgekannt mit dem, das Lenin und Stalin in ihren Büchern geschrieben haben. Konnte alles hersagen und die Ärzte und Wächter damit – wie man sagt –

provozieren. War schwer gegen ihn anzukommen, sogar die vom KGB waren nicht so geschult wie er. Und deswegen haben sie ihn nicht zwischen die Leute gelassen, haben ihn ins Narrenhaus gebracht, und er mußte in der Isolierung verbleiben. Ob er noch einmal raus ist aus Mordavia, das weiß ich nicht.

Ein anderer junger Kerl hat sich in der Psychiatrie erhängt. Der war entlassen worden aus einem Lager, wollte aber in der Sowjetunion nicht länger leben, wollte über die Grenze abhauen. Sie haben ihn aber geschnappt und nach Mordavia gebracht, gleich in die Psychiatrie. Da hat er sich das Leben genommen. Da waren noch welche, die sich die Pulsadern aufgeschnitten oder sogar die ganze Hand abgehackt haben, wie der N. Ich gedenk mir's noch, wie das Blut aus dem Stumpf herausgespritzt ist, kam gerade dazu, hab ihn erwischt und abgebunden. Und wie er wieder zum Leben kommt und die Augen aufmacht, steht ein Arzt da und sagt: »Wozu hast du dem Teufel das Blut angehalten, er soll verrecken«, sagt er, der Arzt!

Wenn mich einer fragt, ob es wahr ist, daß das so zugeht in den russischen Lagern, und daß es überall in der ganzen Sowjetunion solche Lager gibt und das alles, dann sag ich: Ja! Wieviel Leute sind dort umgekommen. Zum Beispiel 1937 – da weiß ich ganze Dörfer, aus denen sie die Menschen rausgeschleppt haben und weg, weg, weg! Kommt keiner mehr zurück. Nu – wo sind diese Leute? Alle eingesperrt, verhungert, vernichtet und vermodert. In Sibirien da draußen, am Moskwa-Kanal, in Kuybischew, Hesta, an der Petschora, in den Lagern von Workuta, Kotlas, Magadan, Kolyma. Und in Mordavia: Wenn sie da eine Baracke hinstellen, die Fundamente graben, da kommen lauter Knochen heraus. Da ist nichts, wo was sauber ist. Nur Knochen kommen mit den Schaufeln herausgeflogen. Menschenreste noch aus der Zarenzeit – ist damals schon das Lager hier gewesen – auch aus dem einundzwanzigsten und allen späteren Jahren. Und was heute noch da tagtäglich unter die Erde kommt! Denn ganz Mordavia ist vollgestopft mit Lagern und Gefangenen. Alles vollgestopft auch heute noch.

Da in der Psychiatrie hab ich so viel ansehn müssen und so viel hab ich gehört an Schreien und Kreischen und Jammern, daß es einem Gesunden darüber schlecht werden mußte. So hat auch mir der Kopf gedröhnt und geschmerzt, hätte mich am liebsten irgendwo verkrochen, damit ich nichts mehr seh und hör von dieser Hölle. Bin ganz empfindlich geworden an den Nerven, hab angefangen zu spüren, was andere Menschen denken und vorhaben. Wo immer was los ist, ich weiß es, ohne dabei zu sein. Ich bin »exzentriert«, wie man so sagt. Wenn zum Beispiel über mich gesprochen wird, dann spür ich es schon und lauf hin. Und wenn ich hinkomm, sagen sie: »Gerade haben wir Sprache geführt über dich, und schon kommst du an!« Ich weiß selbst nicht, wie das so gekommen ist: daß alles mich erreicht hat, was andere sich gedacht haben – daß ich diese große Fühlung hatte, hab darunter sehr gelitten. Jetzt hab ich's auch noch manchmal, dieses Vorgefühl, aber nicht mehr mit so großer Sicherheit.

Das alles hat sich herumgesprochen; haben auch

die Wächter und der Arzt davon gehört. Und daß kein Aberglaube aufkommt, haben sie mich in die geschlossene Abteilung untergebracht, und mußte ich fünf Jahre meines Lebens dort verbringen.

Was in der Psychiatrie vorgekommen ist – Mensch, Mensch! Man hat Narrenhaus gesagt, die Leute aber, die da drin waren, die sind nicht alle krank gewesen. Wo waren die krank! Sie haben die Politischen hereingebracht und haben sie geimpft mit Amenasin und Propasin und was weiß ich was für Arzneien noch. Die haben sie ausprobiert an den Leuten. So war's: Wer es aushält, der ist gut dran. Solch einen Menschen lassen sie oft schon nach einer Woche raus, führen ihn dahin, woher er gekommen ist. Derjenige aber, der keinen Widerstand hat, der anfängt zu singen, an den Wänden rumzukratzen und sich anzustellen, der muß bleiben.

Mit mir konnten sie nicht fertig werden. Sie haben mich herumkommandiert, setz dich, leg dich, beweg dich; wenn du nicht machst, was man dir sagt, schlagen wir dir den Schädel ein, du mußt gehorchen und tun, was man sagt! Sag ich zu solchem Pfleger: »Du kannst mir nicht auf den Nerven herumspielen«, sag ich, »du spielst auf deinen eigenen herum, wirst bald selber herumkommandiert!«

Und wirklich: auf etliche dieser Pfleger hat es zurückgeschlagen, sind selber von Sinnen gekommen und weggebracht worden. Nach Moskau haben sie sie geführt in das Narrenhaus von Kastrama. Wer in diese Psychiatrie hinkommt, bleibt meistens auf ewig dort. Von dort kommt nur selten einer raus. Wenige, ganz wenige! Dort waren Leute aus der Kriegszeit von allen

Völkern, es waren viele Feinde des Volkes, Politische, die sie zusammengefangen hatten. Alles Verbrecher – so hat's geheißen.

In der geschlossenen Abteilung von Mordavia mußten sie zugeben, daß mein Verstand noch in Ordnung war. Haben mich aber nicht rausgeschickt, sondern als Sanitäter arbeiten lassen. So wurde mir anvertraut, das Essen aus der Küche zu holen, auch das Brot von einer andern Stelle, hab alles auseinandertragen müssen. Aber so einfach, wie ich das sag, so war es nicht. Denn immer hat es Ärger gegeben, die Kranken haben geschrien und geflucht, haben mich mit allen Schimpfwörtern zusammengeheißen. »Du verteilst«, haben sie gesagt, »und nimmst dir selbst das Beste von oben herunter, das Fett.« Wie hat mich das enerviert! Es waren alles Politverhaftete, mit denen ich zu tun hatte. Hab ihnen gesagt: »Wenn ihr mir nicht vertraut, dann schaut euch selber nach.«

Was ich damals zu essen bekommen hab, das hat mir immer gereicht, weil ich sehr schwach war und nicht viel vertragen konnte. Hab von dem Meinigen sogar immer noch etwas abtreten können. Schon weil der Koch mir manchmal etwas zugesteckt hat. Hab viel zu den Kranken getragen, aber gedankt haben es mir nur wenige.

Das alles zu ertragen, war ich nicht lange imstande. Wie ich mich aufgeführt und nicht aufgeführt hab – eines Tages packen sie mich zusammen und bringen mich nach Moskau in die Psychiatrie Serbsky. Hab zuerst geglaubt, daß ich entlassen werd, hab schon Hoffnungen gefaßt – aber was geschieht? Die Reise endigt wieder in einem Narrenhaus auf Refordowskaja Kjurma – einer sehr sekreten Stelle. Da halten sie mich zwei Monate fest.

Bin gelegen auf meinem Bett, hab nicht mehr aufstehen wollen – Schluß mit allem! Schluß mit dem ganzen Elend, jetzt will ich nicht mehr leben. Ich bleib liegen und schweig auf alle Reden um mich herum. Da schleppen sie mich mit Gewalt zum Arzt, obwohl ich mich mit Händen und Füßen wehr. Was man da mit mir gemacht hat? Nu, sie haben mir ein paar Leute beigestellt, mußte ihnen sagen, wie ein Wagen vorwärtsrollt, wie das Rad sich bewegt, wie eine Mühle geht. Die haben gedacht, ich versteh das nicht. Dann haben sie mir allerhand Dinger gezeigt, Buchstaben und Vögel, Igel, Schrauben und Rettiche, und wollten wissen, was das bedeutet. Hab ich es ihnen also erklärt. Da hat einer den andern angeschaut, hat die Achseln gezuckt. Hab sie gefragt: »Was macht ihr mit mir?« Sag ich: »Zu was macht ihr das alles, ich bin doch nicht verrückt!« Da sehen sie sich wieder an und sagen: »Der ist doch ganz in Ordnung.« Nun richte ich das Wort an den Professor und bitte ihn um Hilfe. Das war ein Deutscher oder ein Jude, ich weiß es nicht, Lunts hat er geheißen. »Ich möchte drum bitten«, sag ich, »zu meiner Familie entlassen zu werden, falls es möglich ist. Wenn es aber nicht möglich ist, dann macht schnell etwas, damit es mit mir zu Ende geht. Denn so wie bisher möcht ich nicht mehr leben. Ich bin satt in allem«, sag ich, »bin es satt, immer nur gestraft zu werden, obwohl ich mir nichts schuldig bin. Was in Taischet passiert ist, das kann man mir nicht anrechnen, denn da ist es um mein Leben gegangen oder um das Leben eines Mörders«, sag ich, »der wollte mich kaputtmachen wie meinen Kameraden.« Und hab gebeten: »Glaubt mir doch – wenn Ihr mir nicht glaubt, da kann mir kein Mensch mehr helfen! Jetzt bin ich am Ende.«

Was mein Bitten genützt hat, was nicht – man hat mich auf mein Bett zurückgebracht, hat mir Bestrahlungen gemacht und ein ganz gutes Essen gegeben. Aber Spritzen hab ich keine bekommen, da ist nichts zu sagen. So war ich selbst mit der Zeit ganz zufrieden in diesem Krankenhaus, wo sie mit den Häftlingen ihre Experimente machen. Da könnte ich viel erzählen, wie sie die Kranken und Gesunden behandeln, bis sie selber zugeben, daß sie schuldig sind an diesem und jenem. Dann aber werden sie erst recht festgehalten, man sagt, sie wären krank, sie dürften nicht wieder weg, denn sonst könnten die was anstellen und dem Volk einen Schaden zufügen. Ich hab zum Schluß auch nicht mehr nach Hause verlangt, denn wo war ich schon zu Hause? Zu Hause war ich in meinem Lager, und dorthin wollte ich zurück, sollen sie mich hintun, wo ich immer war. Hab gewartet und gewartet, hin und her, endlich haben sie mich wieder nach Mordavia gebracht.

Aber sie lassen mich nicht mehr in die Psychiatrie, nehmen mich da nicht mehr an. »Hier brauchst du nicht mehr rein«, sagen sie, »bleibst bei den andern Gefangenen im Lager.« So haben sie mich zu den Verbrechern gesteckt in ein Haus für isolierte Kranke. Da mußte ich aufräumen wie eine Putzfrau. Hab auch den

Leuten beigestanden, wo immer man ihnen helfen mußte, und dafür haben sie mich bezahlt mit Marketenderware. Machorka, das ist schlechter Tabak, Zigaretten oder Margarine – die waren immer verschimmelt – oder mit zerbrochenen Keksen, solche Krümel, die man in einem ordentlichen Laden nicht mehr absetzen kann. Waren alles kaputte Sachen, die sie heranschafften, gerade gut genug für unsereiner. Aber die Leute waren doch froh, wenn sie sie bekommen konnten für ihre Kopeken.

Die Marketenderinnen kommen daher in Zivil, fragen, was der eine und der andere haben will. Und die Sträflinge hinterlassen bei ihnen Geld für mich. Dafür müssen sie mir im Laden etwas abgeben. Wird ausgerechnet: das und das kannst du bekommen für diese Kopeken. Bitte schön! Nehm ich mir also Machorka, vielleicht auch sonst noch etwas für die Kollegen, die gar nichts haben. Ich selbst war auf Eßwaren nicht so gierig, wie man sagt. Hab nur was zum Rauchen gekauft. Denn die Kekse waren verschimmelt, und die Bonbons ein zusammengeklebter Klumpert. Hab aber manches wegschenken können und hab mir so eine große Freundschaft zusammengebaut. Und wie ich damals auch so einen langen Bart getragen hab, waren alle zu mir wie zu einem Vater, haben mich »Batjka« genannt, Väterchen. Wer etwas von mir haben wollte, der hat auch immer etwas gekriegt.

Eines Tages aber ist der Mann, der den Laden zu bewachen hatte, weggeblieben. Da hab ich sein Amt übernommen. Ein Gefangener, der den Laden vor den Gefangenen hütet. Das muß man sich vorstellen! Hab von da an Tag und Nacht nicht geschlafen. Immer waren welche da, die einbrechen wollten. Mußte schwer aufpassen! Schließlich hab ich mir eine Katze angeschafft und hab sie angelernt: Wenn einer daherschleicht, kommt sie zu mir hin, kratzt mich und miaut, und da wach ich auf und schau: Richtig, da steht wieder einer. »Was willst du hier?« sag ich, »hau ab!« Da beginnt der andere zu jammern, oi, joi – er muß eine Zigarette haben, sonst dreht er durch. »Da hast du eine«, sag ich, »aber hau ab, sofort! Wenn dich die Wachen sehen, dann bist du dran.« So gehorcht er und schleicht sich weg.

Drei Jahre hab ich den Laden bewacht. Im neunundsechzigsten Jahr aber wird es für mich zu schwierig. Denn da teilen sie das Lager auf, und der Teil, wo der Laden steht, fällt dem Gebiet der Verbrecher zu, jener Schurken und Mörder, die auch hier abgesondert untergebracht sind. Da hilft kein Aufpassen mehr, immer werd ich bestohlen und beraubt.

Es ist Essenszeit, ich geh in die Küche, aber ich warne die Leute vorher: »Wehe, wenn ich zurückkomm und es fehlt etwas«, sag ich, »dann ergeht es euch schlecht!« Und sie klauen trotzdem – was willst du machen? Hinter dem Laden lösen sie die Bretter ab, langen sich eine ganze Kiste mit Keks oder Bonbons heraus und verschwinden. Was nun machen? Nichts! Bei der Führung wissen sie doch, wie es hier zugeht. Wenn sie die Diebe nicht rausfinden, müssen eben alle für den Schaden beikommen, müssen das Geld wieder einzahlen für alles, was geklaut wird. Und damit auch für die Lagerherren etwas abfällt, schreiben sie gleich die mehrfache Summe auf, verdienen so noch etwas dazu und sind im Grund sehr froh, wenn dergleichen passiert. Da wird für zwei, drei Rubel gestohlen, und es werden hundert Rubel aufgeschrieben. Und die Gefangenen müssen es abzahlen von dem Wenigen, was sie haben. Waren viele Tuberkulöse unter ihnen, die sich mit den Eßwaren ein wenig auf die Beine helfen wollten. Denen hätt ich schon etwas vergönnt, hab aber trotzdem immer auf der Hut sein müssen. Denn wenn es ums Stehlen und Betrügen geht, dann wird daneben oft auch noch geschlagen und gemordet.

Zum Schluß hab ich's nicht mehr ausgehalten, hab gebeten, mich lieber zu den Kriminellen auf Arbeit zu schicken. Und wirklich, es ist mir erlaubt worden, und so hab ich keine Verantwortung mehr gehabt, aber auch keine Furcht, daß einer in der Nacht über mich herfällt. Und bei den Kriminellen hab ich gearbeitet bis zum siebzigsten Jahr, bis ich freigekommen bin.

Die erste und einzige Freude in meiner Lagerzeit hab ich erlebt im neunundsechzigsten Jahr. Da hab ich meine Familie wiedergefunden. Bis dahin hab ich nichts von meiner Frau und der Tochter gewußt.

Eines Tages bringt man mir einen Brief von einer Cousine aus Karaganda. Diese Frau hat von einem Entlassenen gehört, wo ich bin, und nun meldet sie sich. Ich schreib am selben Tag zurück, daß ich es wirklich bin, und von da ab schickt mir meine Cousine etliche Pakete. Schickt mir auch 25 Rubel, aber ich hab's als eine Schande angesehn, wie man so sagt, von ihr, die auch nichts hat, so viel Geld zu nehmen. Hab sie gebeten, das nie wieder zu tun.

Jetzt aber schreibt sie, daß eine Schwester meiner Frau, die Frieda, von Balkasch bei ihnen in Karaganda zu Besuch gewesen ist. Hat erzählt, daß die Klementine und meine Tochter Elvira noch bei Leben sind. Und wohnen nun in Tadschikistan – so und so ist ihre Adresse.

Gleich setz ich mich hin und schreib meiner Frau. Schreib ihr, ich bin der und der, such meine Leute. Glaube fest, sie nun gefunden zu haben.

Was hab ich auf Antwort gewartet! Es dauert und dauert – dann kommt ein Brief aus Estland. Ich gedenk mir's noch genau, wie ich aufmach, fällt ein Foto heraus, das ich in Polen zurückgelassen hab, bevor ich zum Militär mußte. Darauf sind wir alle zu sehn, die ganze Familie. Was war ich damals für ein junger Bursche, und jetzt bin ich ein alter Mann. Ja, und da ist ein Brief von meiner Frau. Sie schreibt, daß sie in Duschambe zu Hause ist, jetzt zu Besuch bei der Tochter in Estland, die dort verheiratet ist und gerade ein Kind geboren hat. Liegt noch ein Schreiben bei von unserer Tochter: Wir sind die und die, und wenn Ihr mein Vater seid, dann könnt Ihr uns auf dem Bild erkennen. Wenn Ihr aber nicht mein Vater seid und nur des gleichen Namens, so schreibt uns trotzdem, und ich werde Euch ehren und halten wie einen Vater. So schreibt sie. Vor Freude sind mir die Tränen gelaufen, hab allen Kollegen und Kameraden, sogar den letzten Kriminellen, die da waren, diesen Brief gezeigt. War kein

Mensch um mich herum, der ihn nicht gelesen hätte. Und alle haben mit mir geweint, waren fast so aufgeregt wie ich. Und viele sind dabeigesessen, bis ich die Antwort geschrieben hab. Und im nächsten Brief von meiner Frau da steht: Ich komm zu dir!

Jetzt muß ich sie aber wissen lassen, daß sie nicht kommen darf. War mir schwer zu schreiben: Dies ist ein Sekretlager, da darf keiner rein. Wäre schad um das Geld für die Reise. Sie aber hat sich nicht zurückhalten lassen, sie ist doch gekommen!

Sie ist gekommen und eine Woche herumgelaufen, von einem Lager zum andern. Hat vor jedem Tor nach mir gefragt, hat mich nicht gefunden. So kommt sie auch zu unserm Tor. Ja, der ist hier, sagt man ihr. Aber sehen kannst du ihn nicht. Nein – und fertig! Aber sie gibt nicht auf, schreibt einen Zettel und schmuggelt ihn, wie sie weiß und kann, ins Lager.

Kommt ein Kamerad zu mir in die Küche – hab damals dort als Koch gearbeitet – und bringt mir das Papier. »Deine Frau ist schon seit einer Woche hier und darf nicht an dich ran.« – »Ach, Mensch«, schrei ich und schmeiß alles hin, reiß den Schurz herunter, lang mir grad noch die Mütze und renn zum Tor.

Seh ich draußen weitab vom Stacheldraht eine kleine fremde Frau stehn. Aber da sind schon andere Männer am Zaun und winken ihr zu und machen ihre dreckigen Späße mit ihr. Da hab ich geschrien: »Haut ab, das ist meine Frau. Jetzt aber weg mit euch!« Da sind sie abgehauen.

Es war aber da eine Art von hohem Vorbau für die

Wachen, da bin ich rauf, denn es war keiner oben. Hab geschrien und gewunken. Kommt die Frau langsam näher heran und fragt auf russisch: »Wolodja, eto ty?« »Bist du es, Wolodja?« Und ich sage: »Da! – Ja!« Und dann auf deutsch: »Bist du es, Klementine?« Sagt sie: »Wenn du Waldemar bist, dann nimm die Mütze runter, daß ich dich erkennen kann!« Ich aber wink ihr ab, nein, ich nehm sie nicht herunter. Will meinen geschorenen Glatzkopf nicht zeigen. Bin auch so mager, so schrecklich anzusehen, nur Haut und Knochen.

Jetzt frag ich sie, warum sie gekommen ist, hab doch geschrieben so und so. Sagt sie: »Mir haben sie versprochen, daß ich dich sehen darf, und nun lassen sie mich nicht rein. Was tu ich bloß?« – »Laß jetzt nur mich machen«, sag ich, »ich geh und verlang die Erlaubnis. Und wenn ich sie nicht kriege«, sag ich, »dann brennt heute nacht das Lager! Und ich spring her zum Stacheldraht, und vor deinen Augen werden sie mich umlegen. Dann weißt du in Zukunft ganz sicher, daß du keinen Mann mehr hast. Daß er endlich tot ist und seinen Frieden hat.«

Das sag ich auf russisch. Die Wachen können es hören und springen heran, führen mich ab zum Natschalnik: »Der G. will das Lager anzünden!« – »Ja«, sag ich, »alles werd ich verbrennen, was da ist. Und geb euch die Möglichkeit, mich kaputtzuschießen!«

Hin und her wird nun geredet, und schließlich sagt der Natschalnik: »Du bekommst deine Frau zu sehen.« Ich aber glaub's nicht, ich denk, der will dich doch nur loswerden – und sag das auch grad heraus. Der Natschalnik – es war ein Jude, ein Hauptmann –

versucht mich zu trösten: »Drei Stunden darfst du mit ihr sprechen. Von Herzen gern möchte ich dir längere Zeit erlauben, aber ich darf es nicht, ich bin nicht der Chef«, sagt er. »In drei Stunden werd ich abgelöst, und darum mußt du, bis der andere da ist, zurück sein.« Sagt dann noch: »So ist das Gesetz, und ich bin es nicht, der es gemacht hat.« Und wirklich: sie bringen mich weg und ich darf mit meiner Frau drei Stunden lang sprechen. Drei Stunden nur waren wir beisammen, zwei alte Leutchen, die nur etwas zusammenbindet, das schon 25 Jahre zurückliegt in Polen. Ich hab es schwer gehabt im Leben, aber sie hat es auch nicht leicht gehabt bei den Tadschiken und ihren Baumwollfeldern.

Sie hat mir erzählt, wie sie und das Kind weggebracht worden sind aus Wolfsberg nach Barutstadt bei Luckenwalde. Wie die Russen sie herausgeholt haben nach Sagan und von dort nach Wladimir Wolinsk. Da war sie mit dem Kind drei Monate hinter Draht. Dann sind sie wieder weitergeschafft worden mit diesen Wagony – no, Viehwaggons –, bis nach Asien, nach Duschambe in Tadschikistan. Da hat sie in den Baumwollfeldern roboten müssen. Diese Felder sind schon von jenen Leuten angelegt worden, die in den dreißiger Jahren rausgefahren und enteignet worden sind. Und mußten in dieser Wüste, wo kein Haus und kein Strauch und kein Wasser war, Hütten bauen, Kanäle graben und Baumwolle pflanzen. Die Hälfte von ihnen soll dabei gestorben sein. Denn dort gibt es eine große Hitze – bis zu 60 Grad. Wie meine Frau hingekommen ist, da war schon alles bewässert, aber zum Wohnen war für sie nur ein alter Stall da, in dem sich bei Regen das Wasser gesammelt hat. Dann ist sie mit dem Kind auf der Türschwelle gehockt – nächtelang, denn dort ist das Wasser nicht hingekommen. Jeden Tag um fünf Uhr früh mußte sie raus, hat arbeiten müssen bis 12 Uhr nachts. Und wenn die Leute geklagt haben, weil sie so spät noch auf den Feldern wirtschaften mußten, hat man ihnen gesagt: Ihr seid da nicht bei Hitler, daß ihr mit weißen Handschuhen sollt gehn! Und wenn die Frau nachts heimgekommen ist, dann ist das Kind im Dunkeln vor dem Haus gehockt und hat geweint. War doch noch klein und ganz verlassen. Bis zum neunundvierzigsten Jahr hat man ihnen kein Stück Brot gegeben, bloß fünf Kilo Hafermehl auf die Woche. Später hat man der Frau ein Stück Garten zugeteilt, und zum Glück kann man in der Gegend zweimal pflanzen im Jahr. Wie sie mit dem Arbeitslohn auf Geld übergegangen sind, ist es besser geworden. Nur – zu kaufen hat es fast nichts gegeben. Im Laden war nichts, und wenn einmal etwas da war, da sind so viele Leute davor gestanden, haben gedrängt und gestoßen, daß man dabei umkommen konnte. Im Fünfundfünfzigsten haben sie dann schon mehr in den Laden geschafft, Bonbons und etwas zum Anziehn. Wie dann die Tochter auch zur Arbeit hat gehen können, war schon die Möglichkeit da, sich etwas anzuschaffen. Haben aber kümmerlich gelebt, bis die Tochter sich verheiratet hat und nach Estland gezogen ist. Die Frau aber mußte weiter in Tadschikistan und im Kolchos bleiben.

Nu, sie kann mir nicht alles erzählen, denn schon müssen wir wieder voneinander gehn.

Sind die Wächter gekommen und haben sie hinausgeführt. Und ich bin zurück in die Küche und hab nur den Schurz wieder vorgebunden.

Das alles hat mich so aufgeregt, daß ich sofort kein Essen mehr vertragen konnte. Nach sechs Monaten war mein Magen ganz kaputt. Hab eines Tages etwas Schweres lupfen müssen, und da ist er mir geplatzt. Hab schrecklich geblutet und bin liegengeblieben.

Man bringt mich auf die Krankenstation. Soll operiert werden. Und wieder denk ich: Jetzt ist Schluß, da kommst du nicht mehr raus. Sie legen mich auf den Tisch, stehen in ihren weißen Kitteln um mich herum – da sind aber auch andere, und tun nichts anderes als fragen: »Erkennst du deine Schuld an? Du weißt doch sicher, warum du hier gehalten wirst uns allen zur Last? Jetzt gib es endlich zu, daß du schuldig warst und schuldig bist.« Sag ich: »Nein! Und ich geh mit diesem Wort unter die Erde«, sag ich. »Und dieses Wort will ich euch hinterlassen zur Erbschaft.« Da sehen sie sich an, der Doktor Saborowski und seine Frau – sie war auch Ärztin und mit dabei. Sagt er zu ihr: »Dieser Mann liegt unter dem Messer und ist immer noch sturköpfig.« Sagt sie: »Was ist und was nicht ist, jetzt sind wir an der Reihe, sonst stirbt er.«

Dann hör und seh ich nichts mehr. Und wie ich die Augen wieder aufmach, da sitzt der Arzt selber an meinem Bett und sagt: »No, wie ist es?« Ich sag: »So leb ich also, aber lieber wär ich dageblieben, wo ich jetzt schon war.« Sagt er: »Die Erde will dich noch nicht haben, und wir wollen deine Erbschaft noch nicht übernehmen.« Hat aber dabei freundlich gelacht.

Auch seine Frau ist gekommen. Hat sich hingesetzt und ist bei mir geblieben bis zum nächsten Morgen. Die ganze Nacht war sie bei mir, hat mich geimpft, hat mir die Lippen naßgemacht, und ich bin wieder eingeschlafen. Dann werd ich munter, sie ist immer noch da und sagt: »Gott sei Dank, jetzt hast du's überstanden, und wir freuen uns alle darüber, denn alle haben wir dich lieb, weil du so vielen hier im Lager geholfen hast.«

Diese Worte vergeß ich nicht, solange wie ich lebe! Und wie ich mir's denk – diese Frau hat nachher alles getan, daß ich freikomm aus dem Lager. Denn kurz darauf, am 11. Juni 1970, bin ich ganz plötzlich entlassen worden.

Es war ein merkwürdiger Abschied. Alle haben mir Glück gewünscht, aber ich hatte ein so schweres Herz wie auch die, die zurückbleiben mußten. Konnte ja nicht wissen, wie's noch da draußen aussieht, wie ich weiterleben soll. Ob ich selber mich werd erhalten können. War ja ein Nichts, ein Niemand nach diesen 25 Jahren, hab keinen Menschen mehr gekannt außer meiner Frau. Hab mir gedacht: Für dich gibt's nur einen Weg – nach Deutschland. Da kannst du mit den Menschen in deiner Sprache reden, und wär's auch gleich in einem Lager. So schlimm wie hier kann es dort nie und immer sein. Und das sag ich auch bei der Entlassung. Die Männer vom KGB sitzen nämlich da und wollen wissen, was ich jetzt vorhab. Und ich sag, ich geh nach Deutschland und sonst nirgends hin. Gleich legen sie mir ein Papier vor: Soll unterschreiben, daß ich kein Deutscher bin, sondern ein Sowjetmensch bin. Da hab ich mich wieder aufgeregt und gesagt, das unterschreib ich nicht – jetzt nicht und niemals!

Aber der Doktor Saborowski – er ist auch dabei – blinzelt mir zu: Schreib doch, schreib, tut nichts zur Sache! »Gut«, sag ich, »aber nach Deutschland komm ich doch, so oder so, davon laß ich nicht!« Hab damals wieder die große Fühlung gehabt.

Kaum hab ich unterschrieben, nehmen sie das Papier an sich und fangen an zu lachen: »Nach Deutschland? Hast noch fünf Jahre Verbannung zu verbüßen«, sagen sie, »in einer ganz andern Richtung. Auf Kamtschatka, Dailne Wastok, bei den weißen Bären!«

Oh, da wäre ich kaputtgegangen. So sag ich ihnen, daß ich doch meine Familie gefunden hab, daß sie mir doch die Verbannung nach Estland bewilligen möchten. Und sag ihnen: »Nirgends werde ich vom Lager hinfahren als nach Estland. Wenn ich zu meiner Familie nicht darf, dann bleib ich hier und sterb auch hier. Und Schluß damit!« Sie sagen nichts, die vom KGB, nehmen die Papiere zusammen, ordnen an, daß man mich zurückbringt ins Lager, und gehen ab. Sagt der Doktor zu mir: »Aber G., was hast du da riskiert? Kommen so große Herrschaften daher, und du hast keine Furcht vor ihnen? Du hast, so scheint es, vor dem Teufel selber keine Angst.« – »Nein«, sag ich, »Ich hab keine Angst mehr – vor nichts und vor niemand. Anfangs hab ich immer Furcht gehabt, jetzt hab ich keine mehr!«

Nach drei Tagen rufen sie mich wieder heraus, sie

haben nachgegeben und entlassen mich zu meiner Frau.

Nu, da komm ich zuerst nach Moskau und von dort nach Estland. Meine Frau war inzwischen aus Tadschikistan zur Tochter übergesiedelt. Nach Ramchi, Kreis Wilendi bei Tartu. Dort mußte ich mich gleich bei der Miliz melden, und später immer noch zweimal im Monat. Hab dabei jedesmal einen halben Arbeitstag verloren. Fünf Jahre lang. Denn ich war ja verbannt und durfte ohne Erlaubnis aus dem Dorf nicht heraus.

Hab dort mit meiner Frau ein kleines Zimmerchen bewohnt in einer Baracke. War eine schäbige Unterkunft. Aus allen Löchern sind die Rattmäuse hervorgekrochen, sind herumgesprungen und haben gepfiffen. War ja auch kein Leben! Aber die Leute waren alle gut zu uns. Wie ich hingekommen bin – mein Gott! – da haben sie vielleicht nach mir geschaut, die Esten! Und Mitleid haben sie mit mir gehabt, wo immer ich hingekommen bin. Wenn ich einen um Hilfe gebeten hab – ja, bitte schön! Was können wir für Euch tun? Womit können wir Euch helfen? »Nu«, sag ich, »ich brauch Arbeit. Als E-Schweißer oder als Schmied, als Maurer oder als Erdarbeiter – ich hab ja dies und das und noch sehr viel mehr in meinem Leben machen müssen.«

Da haben sie mich eingestellt in einer kleinen Maschinen- und Traktorenstation. Hab Felder umgeakkert und Kanäle ausgehoben, den Acker trocken gemacht. Daneben hab ich die Wohnung selber repariert, die Löcher zugeschmiert und alles ausgeweißelt, damit einer, der zu uns kommt, auch etwas Schönes zu sehen kriegt. Aber außen, da war alles abgeplaschtert, war eben ein schäbiges Haus!

Meinen Plan aber, nach Deutschland zu gehn, den hab ich nie vergessen. Hab nachgeforscht nach einer Cousine, die schon vor dem Krieg einen Mann aus Bessarabien geheiratet hat. Mit dem ist sie im Neununddreißigsten nach Deutschland umgesiedelt worden. Hab schließlich eine ihrer Schwestern gefunden, von ihr die Adresse in Deutschland erfahren, und so hab ich mich dann an diese Frau gewendet, hab sie gebeten um einen Wysow. Und es hat wirklich geklappt. Wie die fünf Jahre Verbannung zu Ende waren, bin ich gegangen, hab meine Papiere und diesen Wysow vorgelegt: Ich will nach Deutschland. Hab aber sehr bald schon die Absage bekommen. Oh, das hat mich aufgeregt. Hab angefangen zu trinken, jeden Tag, jeden Tag, war oft richtig besoffen – bin aber wieder zur Miliz gegangen. Da war eine estnische Frau angestellt, die hat mir geholfen. Hat mir gesagt, was ich zu tun hab, damit meine Sache noch einmal geprüft wird. So haben wir mit der Tochter ein schönes Schreiben zusammengestellt an die Obrigkeit. Und über einen Monat kommt die Erlaubnis: Wir dürfen fahren, ich, die Frau, unsere Tochter mit Mann und Kind.

Nu ja, da ist daneben noch manches gemacht worden – einmal da, einmal dort, einmal mit Bakschisch, wie man sagt, einmal mit guten Worten. Das muß man verstehen! Aber diese estnische Frau, die mir geholfen hat bei der Miliz, die da die Passporte ausgegeben hat, der ist es später schlecht ergangen. Hat sie vielleicht jemand angezeigt von unsern deutschen Leuten, hat vielleicht jemand geprahlt, daß er ihr Geld gegeben hat – denn manch einer hat ihr in seinem Glück etwas geschenkt – ich weiß es nicht! Sie aber ist gerichtet worden, und haben sie die arme Frau eingesetzt, wie ich gehört hab. Auf acht Jahre ins Gefängnis.

Daß es mir nicht schwergefallen ist, aus Rußland wegzukommen, wird man mir sicher glauben. Gab nichts, dem ich nachtrauern mußte. Und dann: als freier Mann in einem Zug zu sitzen, in einem ordentlichen Abteil! Ist keiner neben dir mit der Maschinenpistole! Hast ein Billett in der Tasche, damit kannst du eintreten in ein anderes Leben. Ich gedenk mir's aber, daß uns vor dem Lager Friedland noch ein wenig das Herz geklopft hat. Wieder ein Lager! Nu ja, den Unterschied haben wir bald herausgefunden.

Eine wunderschöne Wohnung haben wir bekommen in Wolfsburg. Ein großes Zimmer – wie ein Saal –, noch zwei kleinere Zimmer, eine Küche und sogar eine Badestube haben wir. Da gibt es keine Rattmäuse, man muß auch nichts mit Lehm verschmieren oder weißeln. Solch eine Wohnung kann sich unsereiner in Rußland nicht einmal erträumen, weil man sie nie vor Augen zu sehen bekommt.

In meiner Profession als Schweißer kann ich hier nicht arbeiten, bin nicht genug geschult und weiß nicht, wie das hier so zugeht. Da wird alles so pünktlich ausgemessen und geprüft, so daß ich mir selber nicht vertrauen kann. Ich versteh ja zu punktieren und dies und das, aber, wie man sagt, ausmessen und so dergleichen, das kann ich nicht. Bin aber trotzdem zufrieden mit der Arbeit im Werk. Sie ist mir zugewiesen worden in einer Abteilung, wo es ganz mechanisch zugeht, bei der Vormontage. Kann da gute Arbeit machen, und das dank ich sehr dem Meister, der mir beigestanden hat. Ein guter Mensch! Wie er gesehen hat, daß ich anfangs nicht nachkomm, da hat er mir eine leichtere Aufgabe verpaßt. Die kann ich machen. Und ich weiß jetzt auch schon vieles. Man lernt ja praktisch immer noch etwas dazu.

Bin auch zufrieden mit dem Lohn, bekomm ein sauberes Geld auf die Hand und kann sogar etwas zurücklegen. Will mit dem Geld den Führerschein machen. Auf russisch könnte ich die Prüfüng wohl bestehn, aber auf deutsch fällt es mir schwer. Auch die Zeichen und Markierungen sind in Rußland anders. In jeder Hinsicht! Aber die will ich nun vergessen!

Hier bin ich zum ersten Mal in meinem Leben in einer Kirche gesessen. Kann jeden Sonntag in die Kirche gehn. Einen Gottesdienst hab ich früher nicht gekannt. Wo wäre einer gewesen? In Taischet? In Taboschar? In Mordavia? Ich versteh überhaupt nichts von der Kirche, hab gar keine Ahnung. Aber ich geh hin. Die Leute beten und singen, der Pfarrer predigt, nicht? – und ich sitz und horch und horch, sperr die Ohren immer weiter auf, damit ich etwas davon erwische, denn ich bin ganz unbelehrt in so etwas. Ich weiß gar nicht, wie man beten tut – also ehrlich gesagt, ich hab gebetet, aber immer nur das eine: Lieber Gott, hilf mir! Ich hab es aber russisch gesagt: Gospodi, pomogi mne! Denn in der Mehrheit denk ich russisch. Das ist von Kindheit an so in mich hineingepreßt worden.

Manchmal überleg ich: Mensch, das kannst du auch deutsch sagen, kommt auch an beim lieben Gott. Aber der liebe Gott ist mir immer so weit weg gewesen. Hab immer nur gewußt, es gibt etwas im Leben, das wir gar nicht kennen, von dem wir gar nichts wissen können. Aber bei solchen Schwierigkeiten, wie ich sie durchgemacht hab – und nicht nur ich, ich will nicht sagen, daß ich der einzige bin – da haben viele Leute im Lager in ihrer Not gesagt: Lieber Gott, hilf mir! Wo's zurückgeht mit der menschlichen Kraft, wo es mit dem Leben zu Ende geht, da heißt es immer: Lieber Gott, hilf mir!

Da siehst du zum Beispiel einen, der daliegt, schon verhungert, und gerade noch auf den Tod wartet. Sagt er: »Lieber Gott, hilf mir!« Und auf einmal schaust du, der Mensch fängt an, sich wieder zu bewegen, rappelt sich auf, rupft sich etwas Gras, schält die Rinde von einem Baum, kaut die Rinde und kaut eine Wurzel, und du siehst, wie er sich wieder auf die Beine stellt, und schon geht's mit ihm wieder zum Leben! Und dann sagt er: Es ist wirklich eine Kraft da, die wir nicht erkennen können. Es ist eine Seele, wie man sagt, oder – wie soll ich es nennen – eine Atmung, kommt man von irgendwo und hilft dem Menschen.

Und weil ich das gesehen und gehört hab, muß ich an Gott glauben. An die Seele Gottes. Er hat auch mir immer geholfen, wenn ich am Ende war. Er hilft wirklich. Das ist und bleibt auch so, das hab ich erfahren. Wenn man nur immer sagt: Gospodi, pomogi mne!

Bitte beachten Sie
die folgende Seite:

Carola Hansson/ Karin Liden

Unerlaubte Gespräche mit Moskauer Frauen

Ullstein Buch 34640

Ullstein Sachbuch

»... Die schwedischen Journalistinnen Carola Hansson und Karin Liden haben – so der Titel des Taschenbuchs – ›Unerlaubte Gespräche mit Moskauer Frauen‹ geführt und per Recorder aufgezeichnet, um deren Alltag, ihr wirkliches Leben aus ihrer eigenen Perspektive zu dokumentieren. Das ist fesselnd und aufschlußreich ...« (Heinrich Vormweg in der SÜDDEUTSCHEN ZEITUNG)